全球社会中的高等教育
HIGHER EDUCATION IN A GLOBAL SOCIETY

[美] D.布鲁斯·约翰斯通(D. Bruce Johnstone)
[美] 玛德琳·B.安布罗西奥(Madeleine B. d'Ambrosio) ◎著
[美] 保罗·J.雅克博斯基(Paul J. Yakoboski)

何晓芳 ◎译

大连理工大学出版社
Dalian University of Technology Press

HIGHER EDUCATION IN A GLOBAL SOCIETY
by
EDITED BY D. BRUCE JOHNSTONE, MADELEINE B. D'AMBROSIO AND PAUL J. YAKOBOSKI
Copyright: ©
This edition arranged with EDWARD ELGAR PUBLISHING LIMITED (EE) through Big Apple Agency, Inc., Labuan, Malaysia.
Simplified Chinese edition copyright:
2022 DALIAN UNIVERSITY OF TECHNOLOGY PRESS
All rights reserved.
著作合同登记06-2016年第144号

图书在版编目（CIP）数据

全球社会中的高等教育 /(美) D.布鲁斯·约翰斯通, (美) 玛德琳·B.安布罗西奥, (美) 保罗·J.雅克博斯基 著；何晓芳译. -- 大连：大连理工大学出版社, 2022.1

（国际高等教育名著译丛）

书名原文：Higher Education in a Global Society

ISBN 978-7-5685-2769-9

Ⅰ.①全… Ⅱ.①D… ②玛… ③保… ④何… Ⅲ.①高等教育—研究—世界 Ⅳ.①G64

中国版本图书馆CIP数据核字(2020)第235876号

全球社会中的高等教育
QUANQIU SHEHUI ZHONG DE GAODENG JIAOYU

大连理工大学出版社出版
地址：大连市软件园路80号　邮政编码：116023
发行：0411-84708842　邮购：0411-84708943　传真：0411-84701466
E-mail：dutp@dutp.cn　URL：http://dutp.dlut.edu.cn
大连图腾彩色印刷有限公司印刷　大连理工大学出版社发行

幅面尺寸：148mm×210mm　印张：10.125　字数：208千字
2022年1月第1版　2022年1月第1次印刷

责任编辑：邵　婉　朱诗宇　　　　责任校对：石　川
封面设计：奇景创意

ISBN 978-7-5685-2769-9　　　　定价：85.00元

本书如有印装质量问题，请与我社发行部联系更换。

Preface 译者序

全球化的本质，是人类社会发展阶段中的一种特殊现象或过程，表现为全球范围内联系的不断增强与文化间的相互影响。随着经济全球化与科学技术的推动，全球化也可以解释为时空的压缩和世界一体化的倾向。当今世界上的任何一个国家和地区、任何一个社会的组成结构与实际运行，都处于全球化的影响中时，高等教育也不能例外。但是，提到高等教育全球化，学者的争议是很大的。我们一般将高等教育全球化看作一种推动各国高等教育朝着一体化方向转型的过程与趋势。高等教育发达国家所主导的全球一体化和模式统一性，往往以损害发展中国家多元价值与发展权益为代价。因此，高等教育全球化是一把双刃剑。我国学者更倾向于使用高等教育国际化的概念，以强调全球交流与合作中的彼此尊重与价值多元。但全球化的客观现实可以使我们警醒，它要求我们坚持本土高等教育的内涵建设，同时不断强化高等教育系统的自我更新能力。

从 20 世纪到 21 世纪，全球范围内高等教育领域中的交流与合作已经从一种发展趋势，变成高等学校的实际运行常态和客观要求。在当前大变革的国际环境中，构建新时代教育开放格局，全面提升国际交流合作水平，已经成为高等教育高质量发展的应有之义。习近平总书记主持召开十八届中央全面深化改革领导小组第十九次会议，审议通过了《关于做好新时期教育对外开放工作的若干意见》，这是中华人民共和国成立以来第一份全面指导我国教育对外开放事业发展的纲领性文件。在全国教育大会上，习近平总书记强调，"要扩大教育开放，同世界一流资源开展高水平合作办学"。我国高等学校必须在全球化的浪潮中抓住机遇，探索国际化办学的经验，提升开放办学的总体质量。如果不能在全球化的现实中获得发展，就会面临深层次的办学危机。

近年来，国内很多高校已经在国际化领域形成鲜明的特色：与国际知名大学、科研机构以及联合国、欧盟等国际地区组织建立的合作关系，为学生与教师的交流开拓了多样化的渠道；遍及全世界主要地区的孔子学院，在推广中国文化与文明的过程中功效显著；大规模的留学生群体已经成为我国高校学生队伍中不可忽视的重要组成部分；紧密的研究合作与高频的报告会议等学术活动为研究者搭建了便利的交流平台；跨越国界与校际的科学研究和人才培养成为高校教学、科研与社会服务职能履行的重要手段；各种区域性和全球化的大学联盟组织的建立更促使高校在全球化的环境中进一步凝聚特色。目前，随着国际交流合作水平的不断提升，高等教育的开放新格局正逐步形成。

2008年11月，美国教师退休基金会（Teachers Insurance and Annuity Association-College Retirement Equities Fund，TIAA-CREF）召开了题为"全球化社会中的高等教育"的学术会议。该会议旨在探讨高等教育在创建跨文化理解、促进国际合作，以及加强全球经济等问题中的决定性作用。本书各章节是由参加此次会议的大学校长、教务长、高等教育与全球化问题的研究者以及其他行政管理人员根据会议发言及讨论内容撰写完成的。全书包括引言及十二章内容，分别从高等教育大众化、科研合作、境外办学、教师作用、留学生教育等多种角度，对美国乃至全球高等教育和高等学校面临的主要问题进行了深入的剖析，对很多国际化办学实践及其效果进行了充分的介绍。这些内容对于发展中国家的高等教育国际化理论与实践研究是有意义的。其他国家与高校的经验与启示也是非常深刻的。

本书由我翻译完成并负责审校。同时，大连理工大学高等教育研究院的部分研究生也参与了翻译工作。任祺、任小琴、宋冬雪三位同学分别参与了前言、第四章、第五章的翻译工作。邵英硕、马越、张楠三位同学协助做了相关背景资料查找、全文格式调整等大量且细致的工作。在此一并对以上同学表示感谢。由于译者能力所限,所以在翻译过程中可能出现错译、漏译或词不达意的问题,敬请读者谅解。

最后,感谢 D. 布鲁斯·约翰斯通(D. Bruce Johnstone)教授同意我翻译本书。感谢大连理工大学高等教育研究院名誉院长张德祥教授对本书翻译出版工作的关心与支持,感谢日本广岛大学黄福涛教授给予的帮助。同时,如果没有大连理工大学出版社邵婉主任和朱诗宇编辑付出的辛劳,本书恐怕很难顺利出版,在此一并表示感谢。

何晓芳

2021 年 12 月

Foreword 前言

2007年底开始的"大萧条"给我们带来深刻的教训,不仅使我们面临了来自全球社会的挑战,同时也对美国及世界高等教育发展提出了新的要求。

美国教师退休基金会长期以来认为智力资本与社会经济发展之间有着必然的联系。我们了解到,未来全球经济发展依赖于受过良好教育的劳动力。因为他们不仅掌握了丰富的知识资源,同时也拥有更好的批判性思维和创造性能力,以及良好的道德观和伦理价值观。

借助美国教师退休基金会的平台,我们旨在推介具有目标洞察力的高等教育领导者,以及一个值得信赖的、独立的、可以进行思想交流的论坛。2008年11月,美国教师退休基金会召开了题为"全球化社会中的高等教育"的学术会议。会议参与者主要有大学校长、教务长、研究者以及其他领导者,会议旨在探讨高等教育在创建跨文化理解、促进国际合作,以及加强全球经济等问题中的决定性作用。超过150人在会议中分享了自己的观点、意见及经验。我们对此表示感谢！

本书各章节是由高等教育学者和领导者所组成的卓越团队共同撰写完成的，其内容主要是在会议发言及讨论内容的基础上整理而成的。我们希望本书能够为您的机构未来的发展提供帮助。事实上，正如您所理解的，高等教育应该满足世界不断变化发展的需要。

在未来的一段时间内，学术机构的规模与责任将持续增加。我可以向您保证，美国教师退休基金会将一如既往地坚持自己的使命而不断发展，即为您提供最好的服务。我谨代表美国教师退休基金会的全体同事，感谢您对高等教育领导系列会议的关注，同时也感谢您给了我们向您提供服务的机会。

罗杰·弗格森

Contents 目录

引言 1
 一、大学管理趋势 4
 二、国际伙伴关系与倡议 6
 三、为学生提供国际视野 11
 四、思想总结 17

第一章 全球化对于美国高等教育的重要性 20
 一、旁观者的视角 22
 二、全球化与高等教育 27
 三、全球化世界中的高等教育领导 33

第二章 全球化世界中的高等教育大众化 38
 一、高等教育投资的挑战 44
 二、高等教育的新部门 46
 三、远程高等教育 49

四、学术机构和系统的多样性和复杂性 ………… 52

五、行政化发展趋势 ………… 54

六、学术职业 ………… 55

七、学生 ………… 57

八、结语 ………… 60

第三章　高等教育项目和机构的跨境流动 ………… 66

一、高等教育需求增长与跨境带来的影响 ………… 69

二、国际教育术语 ………… 72

三、跨境教育：框架与类型 ………… 74

四、跨境提供者的发展 ………… 78

五、跨境课程和机构的流动类型 ………… 79

六、跨境高等教育的原因和影响 ………… 83

七、高等教育中心和大学城 ………… 87

八、教育中心成因和预期的多样性 ………… 90

九、问题与挑战 ………… 92

十、结语 ………… 98

第四章　国际合作研究 ………… 103

一、国际合作研究不断增长的原因 ………… 104

二、政策对国际化合作研究的促进作用 ………… 108

三、美国自身优势 ………… 119

第五章 在美国本土之外提供学位：一个大学过去十年的发展经验 122

一、国际化学位项目发展历程：我们是如何到达现在的高度？ 130

二、国际学位的建立：以电子金融理科硕士为例 135

三、对中心行政能力的需要 137

四、其他专业硕士项目 139

五、博士学位项目：两个"例外"之一 145

六、本科生项目：更主要的例外 146

七、回归细节 149

八、结语 152

第六章 开创成功的留学经验 153

一、势在必行的美国教育国际化 157

二、海外留学生的概况 158

三、留学经验的类型 162

四、留学面临的挑战 163

五、留学能力培养中心 164

六、留学：研究的新兴领域 172

七、扩大留学：下一步计划 174

第七章 在本土大学创造一种国际体验 177

一、全球学生认证计划 182

二、全球学生认证计划的益处 188

3

三、结语 192

第八章　教师在全球化校园中的中心地位 193
一、总体概览 197
二、作为国际化代理人的教师：隐含的明显问题 200
三、政府的刺激方案 203
四、学科：是帮助还是阻碍？ 206
五、以校园为基础的补救行动 209
六、结语 211

第九章　教师学术经验的国际化 214
一、教师国际化的阻碍因素 217
二、推动教师国际学术活动的激励因素 220
三、规划范围 221
四、全校范围的研讨会和峰会 223
五、实地考察、参加会议以及学校内部的合作 225
六、培养未来的教师 228
七、与访问学者进行联系 230
八、公共关系基础 231
九、结语 233

第十章　吸引留学生：主体、对象、时间、地点、理由与策略 236
一、留学生教育的目的（为什么大学和学院应该从事留学生教育？） 237

二、留学生的生源结构（哪些学生？从哪儿来？到哪儿去？） 240

三、时机的把握 247

四、留学专业的选择（留学生需要学习什么？） 249

五、开展留学教育的具体举措（如何招收、留住、教育、支持留学生？） 250

六、结语 263

第十一章 在全球社会中重塑高等教育——国外的视角 265

一、自由的高等教育和思维训练 267

二、培养全球公民 269

三、重新设计课程体系 273

四、全球社会的知识建构 277

五、优质高等教育和入学机会 279

六、为优质教育和入学机会埋单 282

七、结语 285

第十二章 加速全球化进程中的美国高等教育：路漫漫其修远兮 289

一、美国高等教育的国际化 292

二、相互学习 296

三、未来的道路 302

四、后记 306

引言

保罗·J.雅克博斯基

保罗·J.雅克博斯基，美国教师退休基金会研究所首席研究员。他主要从事退休人员的收入与资产管理、捐赠计划设计、高等教育教师退休的预备工作、高校教师退休模式管理、退休人员的医保资金选择权，以及与高等教育战略管理相关的研究。他还负责针对上述研究问题组织相关的学术研讨会。此外，雅克博斯基是研究所伙伴项目的主管，还是《高等教育推进中的问题与趋势》系列丛书的编辑。在加入研究所之前，2000—2004年，他曾担任美国寿险公司理事会研究主管；1991—2000年，任美国雇员权利研究学会高级研究助理；1989—1991年，担任美国政府问责办公室经济学专家。他是美国经济协会成员，《福利季刊》编辑咨询委员会成员。1995—2000年，他担任美国储蓄教育委员会研究主管。1986—1988年，他是纳泽瑞斯学院兼职教师。雅克博斯基于1984年在弗吉尼亚理工大学获得经济学学士学位，而后又分别于1987年和1990年在罗切斯特大学获得经济学硕士学位和博士学位。

个人、团体、企业及机构都在通过各自的活动对全球环境产生冲击和影响。高等教育也不例外，消费者、雇员、竞争者及合作者的活动都在对全球环境产生重要的作用。事实上，高等教育通过多种方式已经成为全球化的一种力量，形成了一种适应和应对这种现实状况的模式。然而，尽管如此，高等教育仍然在某些方面面临着来自新的全球现状的挑战。

　　在这种背景下，2008年11月，美国教师退休基金会举办了题为"全球化社会中的高等教育"的领导会议。这次会议吸引了众多高校的校长、高级管理人员、高等教育领域的研究者和思想领袖，以及美国教师退休基金会的高级主管。与会者在未来应推动跨文化的理解、建立全球合作、巩固全球经济的共识下，共同针对推进高等教育的跨国界发展中的问题、挑战与机遇进行了深入讨论。

　　正如美国教师退休基金会主席兼首席执行官罗杰·弗格森在其政策演讲中所言，当前金融市场危机凸显了我们的社会在全球化浪潮下所面临的复杂挑战。他认为，受过良好教育的全球劳动力是我们考虑未来全球经济和生活水平时必不可少的要素。他进一步指出，建立受过良好教育的全球劳动力市场需要对全球人力资本进行投资。这可能需要较为积极的高等教育招生政策，特别是增加发展中国家的高等教育招生人数。这也将要求各国之间进行更多国际合作交流，而不是将其假设为一场零和博弈。高等教育机构应在这方面培养更多的发散性思维。最终，这需要对高等教育做出更为广泛的界定，如专注于开发批判性思维、创造力、智力以及提供终身学习的机会。尽管在个人和社会层面上而言，对于高等教育的需求与要求已经不再增加，但是由于全球化背景下，高等教育追求其使命的途径已经大为拓展，许多美国大学和学院正在国外建立分支机构，在全球范围内扩大他们的办学。对于其他机构而言，全球化意味着招收国际学生、提供学生交流及留学项目、鼓励教师合作及双学位项目。

本书创作的灵感源自会议上的演讲和研讨。其中一些章节来自会议发言人在分论坛上的汇报成果。其他章节涉及全球高等教育的各种问题，或聚焦于分论坛上及问答环节时所提到的热点问题，并为这些问题提供了一个概念框架。这些章节的内容主要是由高等教育领域中的意见领袖们撰写。

本书对会议期间的报告和研讨中的热点问题做出进一步探讨：

·在全球化的新秩序下，学生需要一些国际经验使其成为有用的公民和劳动者。而大学和学院则有着多种手段为其提供这些经验。

·面对世界范围内的挑战，需要开展国际研究合作。而这些合作的开展需要高等教育机构的积极参与和尽职合作，同时应该由学术人员主导而非行政主导。

·在全球化背景下，美国高等教育机构的发展需要关注国外高等教育，这为其更好地达成自身使命提供了真正的机遇。

·高等教育有必要向国内的民众清晰地说明投资于全球性计划会给学生和社会普遍带来的收益。

一、大学管理趋势

世界正在以前所未有的速度发生变化，这要求学校的领导者必须能够快速理解和有效应对全球化所带来的影响。正如某些与会专家所指出的，高等教育是美国最佳产业，没有其他哪个领域能像高等教育一样有如此之大的优势。他认为美国高等教育领导者必须慎重考虑如何在全球市场中最好地利用这个品牌。美国高等教育必须对"为什么倡议参与全球化有益于美国"以及"为什么大量投资大学对于国家而言是一个具有重要价值的命题"等类似这样的挑战问题做出合理解释。

公立及赠地学院协会会长 M.彼得·麦克弗森提出，校长应将实现校园国际化作为优先事项，当然其他与之相关的活动也可以纳入优先事项备选单中。他指出，为了学生的利益，国际化应该制定优先事项备选单。他还认为衡量优先发展的标准应是实现更大的国际化进程的需要。伊隆大学校长利奥·兰伯特重点强调了大学或学院在课程、教师、学生及设施等方面的战略规划中引入国际化的重要性。

在本书第一章，D. 布鲁斯·约翰斯通讨论了高等教育全球化的概念、全球化对高等教育带来的积极影响和消极影响，以及是否可以通过政策更好地管理全球化进程等问题。作为曾经的州立大学、州教育系统的主管，以及国际高等教育财政管理比较研究的学者，约翰斯通分析了日益全球化的世界对美国高等教育的领导者们所提出的要求：对财政紧缩的管理；强调掌握第二语言甚至第三语言的能力；向来自国外的留学生和学者提供奖励；关注国际学生所需要的关怀和资金上的援助；向海外留学计划提供资金和人力支持；支持课程及院系调整，以提升国际化、全球化的学术水平和学习水平；开展教师群体中的真正的学术合作。

在第二章，菲利普·阿特巴赫探讨了世界范围内的高等教育大众化。他解释了高等教育大众化的内在逻辑是怎样的，描述了所有国家的学术系统在未来几十年里的核心学术要素。根据阿特巴赫的研究，21世纪的高等教育大众化现象的研究主题包括：资金挑战；高等教育的新成员，包括民办高等教育、营利性高等教育以及新的职业机构；远程教育成为满足需求的一种应对手段；学术机构的分化与复杂性；学术机构的管理主义倾向，以及行政部门的创建；学术职业的本质；学生的多样化与学生文化。

在第三章，简·奈特讨论了为应对世界各地不断增长的高等教育需求而出现的新式跨国教育活动的问题。跨境教育是指人员、专业、提供者、知识、理念、项目、价值观、课程、研究及服务等要素在不同国家之间的流动。其中，流动过程中的核心要素是项目中的学生流动和提供者的流动。她指出复杂世界背景下的跨国教育是新兴的，同时也注意到在国外设立分校或分支机构存在着挑战和失败的可能。课程设计与教材的互认、专业认证及知识产权等问题已经成为当前的热点问题。她解释了跨国教育现象持续增加的原因和影响，提出从不同的角度考虑通常是相互矛盾的观点和期望。从学生、高校、政府或非政府组织等不同的角度看待跨国教育，往往会得出迥然不同的结论，教育输出国和输入国的观点也是不同的。简·奈特还探讨了新出现的第二代跨国教育策略、区域教育中心、经济自由区、教育城市、知识村落等热点话题。

二、国际伙伴关系与倡议

与国外的大学与政府之间所开展的伙伴关系，尤其是有关学术研究方面的相互合作，始终是会议期间讨论的热点议题。在美国联邦政府对于科研资助比例削减的背景下，美国教育理事会主席莫莉·布罗德对国际科研合作的前景进行了广泛探讨。美国大学和学院是开放的，并且面向全世界寻找合作伙伴。与此同时，世界其他国家和地区对于科研发展的需求正在不断增长，并在经济发展战略意义上不断扩大高等教育系统。她还指出，杰出的学者和研究者趋向于集群发展，许多在国外出生的美国科学家一旦回到他们的祖国，国家在他们所擅长的专业领域将会得到强有力的发展。布罗德坚信科研能力的提升是促进全世界发展的重要条件，同时意识到这也是开放发展促成更多合作研究的关键。

麻省理工学院副校长兼副教务长克劳德·卡尼萨雷斯在会议期间指出，考虑到国际科研合作的性质和环境正在不断变化，麻省理工学院已经成立了特设教师委员会，评估跨国教育合作的总体原则、指导方针和方法。由于这些合作对于学生和教师是很重要的，麻省理工学院正在尝试分析成功合作的驱动力、限制条件以及提供相关措施的可能。卡尼萨雷斯断言，以教师为主导的合作行为不应受到控制。同时，部门层面上的合作应得到管理层的认可，并被给予相应资源，但这种合作仍然是要以教师驱动的。他指出，文化差异由于科研合作的需要而被认可并得到解决，而双方需要就如何管理知识产权达成一致意见。

加利福尼亚大学校长马克·尤多夫（Mark Yudof）就国际科研合作问题审慎地提出了自己的观点。他认为，美国高校，至少是公立高校，签署了太多毫无效果的合作协议。他强调管辖相互参与行为的国际法和比较处理特定问题国家间比较法给我们提出了严峻的挑战。他指出，除非相关国家在专利和版权维护方面有健全的法律体系，否则达成一项科研合作协议是毫无作用的，实现合作创新正处于一个非常困难的环境中。尤多夫重申如果要落实这些措施，学者们就需要在院系主管的协助下负责整个合作过程。

伊丽莎白·D.卡帕尔蒂（Elizabeth D. Capaldi）是分论坛的发言人，同时也是本书第四章的作者。卡帕尔蒂认为国际科研合作不断增加的原因，是由于国外科研合作会促进学者能力和素养的持续提升。与此同时，来自健康、环境、国际关系等领域的全球化挑战需要国家之间开展各种形式的国际合作。卡帕尔蒂提出了一些国际科研合作中的问题。尽管这种科研需要由教师驱动，但是由于不同国家对于认证、经费、动物与人体实验等方面的法律与法规存在内在的复杂性，她对教师自主建立的合作行为十分担心。她警告，对于这类科研活动的资金管理也会受到来自资源供应方（国外企业和政府，甚至在某些地区还涉及本国企业）的挑战。她认为，这些科研国际化的内在困境，应该同文化差异一样，必须得到承认和解决。此外，卡帕尔蒂强调，国外教育机构并不一定像美国大学那样将教育与科研紧密连接，跨国研究的目的往往是为了获得快速、直接的经济回报。同时，她相信，美国高校的当务之急是更好地使基础研究与经济发展相结合，美国教育机构在这方面可以学习借鉴国外机构。

鉴于相关的人口统计学信息，中国和印度是对国际合作兴趣较高的两个国家。会议介绍了这两个国家当前高等教育的现状。美国宾夕法尼亚大学印度高级研究中心主任德韦什·卡普尔（Deresh Kapur）认为，印度高等教育受到各种因素的困扰，如有限的公共资源、中央集权式管理、缺乏质量保障，以及由于博士培养的薄弱导致的精英教育机构教师缺口的扩大。大多数高校教师学术水平一般，研究素养欠佳。最后，他指出自20世纪50年代以来，高等教育机构已经几乎不开展研究活动，因为所有的研究活动都被限定在特定的研究中心进行。他进一步解释了印度传统高等教育部门功能的弱化以及其他代理机构的出现与发展。私立学校发展迅速，企业建立自己的学校提供职业培养，社会精英们则将他们的子女送往海外接受高等教育。卡普尔认为，印度私立院校的教育质量是比较差的。

中国教育部国家教育发展研究中心原主任张力教授，分析了中国高等教育现状以及中国高等教育发展的重点。他首先指出，中国现代高等教育体系仅仅存在了100多年。他阐述了中国高等教育目标的三个维度。首先，确保中国能够在全球化经济的竞争环境中实现可持续发展。其次，适应公共事务的新需要，促进区域和社区层面的文化发展。最后，促进个人经济生活水平的提升和终身发展。在这些目标的引导下，自进入21世纪以来，中国高等教育系统已经实现飞跃发展。21世纪初,中国的高等教育毛入学率超过了15%,高等教育从精英阶段迈入大众化阶段,并将很快进入普及化阶段。他概述了当前中国高等教育体系的不足之处,包括人均预算拨款不足、区域高等教育发展差距较大、新建院校教师质量与管理水平较低,以及应试教育所带来的诸多问题。

并不是所有的跨国合作都是以研究为目的的,许多跨国中心是基于学生培养为目标。在第五章,马克·卡姆利特探讨了其在过去十几年中担任卡耐基·梅隆大学教务长时,所积累的一些有关在国外成功建立学生培养项目的基本经验。卡耐基·梅隆大学原本是一所多样化的区域性大学,目前该校在匹斯堡地区以外已提供了20多个学位课程项目,其中有12个发展规划是在美国本土以外的地方开设。他指出,结合主校区的发展规划,学校以这种方式参与到全球化之中,已经获得了许多积极的益处。然而,卡姆利特没有强调学校在教育技术和教学方法改革上的重要性。

在第五章中有一个反复出现的主题,即学校在国外开展学生培养项目,将会遇到一系列诸如法律、税收、人力资源、监管制度等复杂的问题。只有解决好这些问题,合作才能取得成功。卡姆利特提到,卡耐基·梅隆大学已经在长期的摸索中建立了相关管理部门,具有处理这些问题的专业技能和丰富经验。处理这类问题非常耗费精力,因此学校内部普通的学术部门和学院是无法胜任的。他认为，对学校管理部门来讲，处理这类问题最有效的方式就是在国外建立学生培养项目，并将学术、课程及学生相关的事务交给专门的学术部门和学院进行管理。学校管理部门将与学术部门在复杂的环境下通力合作。他同时还提出，在国外提供学位项目虽然成本很高，但有时又具有极为重要的意义。最后，卡姆利特指出，除了少数特殊情况，卡耐基·梅隆大学在匹斯堡以外地区所提供的项目基本上都是专业硕士学位项目。他解释说，这主要是考虑到不同类型学位项目的质量评价标准的差异性。一个专业硕士课程项目的关键指标是其对职业的"附加值"，而本科教育或博士生教育的关键指标则是学生的学术卓越程度与课程的深度。尽管如此，在适当的环境和持续努力下，在国外开展本科与博士生学位课程项目也是能够取得成功的。

三、为学生提供国际视野

通过高等教育培养学生的国际视野和国际理解能力越来越成为高等院校的当务之急。与会专家多次提到，全球化的工作团队是很普遍的，人们需要那些能在这种环境中发挥作用的人。有学者认为，全球化时代的劳动力有四项极为重要的能力，即卓越的实用性学科能力、多种语言能力、对于不同文化差异的理解力、对于种族主义的行为具有清晰的意识与控制能力。惠顿学院校长罗纳德·A. 克拉彻（Ronald A. Crutcher）分享了他从美国高校协会项目中的发现。

尽管如此，德雷赛尔大学前校长康斯坦丁·帕帕达吉斯（Constantine Papadakis）指出，期望大学教师教授所有这些技能是不切实际的，但是为学生提供国外经验的国际项目能够让学生以全球视野看待他们的专业，并了解全球化环境中的工作现实。有许多策略可以实现这一目标，这些策略在会议过程中都被认真地讨论过。最为常见的方式就是给学生提供留学机会。例如，卡拉马祖大学校长艾琳·威尔逊（Eileen Wilson Oyelaran）指出，该校80%的学生留学国外，大多目的国都不以英语作为第一语言。卡拉马祖大学已经建校50多年了，致力于帮助学生跨越个人在语言、种族、民族方面的界限，以及超越文化、学术、组织方面的边界。她还指出，学生不仅希望留学国外，而且还希望能够具有国外实习和服务学习的经历，这些将丰富他们的履历。在小组会议期间，帕帕达吉斯和罗切斯特理工学院校长威廉·W. 德斯特勒（William W. Destler）讨论了他们学校的国际实习情况，涉及本科生在国外居住及工作的具体情况。

在会议期间，彼得·麦克弗提出，高等教育已经先于雇主认识到，受过教育的个体必须具有一种世界感。他和玛格丽特·海舍尔（Margaret Heisel）在第六章中指出，为学生增添海外留学经历的学术价值需要更多的研究。此外，他们在这一章关注了海外留学经历涉及很多问题——国外大学不断提升的声望、留学生概况、留学类型，以及未来几年即将步入大学的学生和美国中学后教育在留学方面即将面临的机遇与挑战。他们还探讨了海外留学能力培养中心的创建，并且认为该类机构在应对挑战和识别问题方面的功能需要进一步研究。

由于各种条件的限制，海外留学对于许多学生而言并不现实。帕帕达吉斯倡议，学校在不能提供更多出国留学机会的情况下，应结合拓展全球化视野的背景建设美国学生与国外留学生相互融合的多元化校园环境。教师与学生共同参与创建一种国际化体验的校园环境是同样重要的，而实现这一目标有许多策略和途径。

纽约城市大学巴鲁学院院长凯瑟琳·M.沃尔德伦（Kathleen M. Waldron）教授不仅是会议分论坛发言人，同时也是第七章的作者。巴鲁学院是美国大学中学生种族最为多元化的大学，约有40%的学生出生在国外，60%的学生能用两种以上的语言交流（在校园里存在着超过100种语言）。但是由于经济、家庭责任及文化差异等原因，巴鲁学院的学生很少能够留学国外。对此，巴鲁学院对其国际活动进行了重新评估，以帮助学生在非居住地的城市公共机构中获得留学经验。正如沃尔德伦在本书中所表述的，巴鲁学院利用国际经验在校园和纽约市推动相应措施，即将不同的国际组织和文化机构作为学术项目的一部分。特别是,学院所开展的"全球学生认证计划"考虑到巴鲁内在的国际多样性,通过"全球学生证书项目"帮助学生在全球经济环境中就业。尽管学生身在巴鲁但能获得留学海外的学习效果。沃尔德伦认为,学校领导有责任为国际化项目提供资源并开展问责。她还强调,校园中的这些项目需要被制度化并提升到战略高度,从而使项目不因为核心教师的离职而搁浅。

关于国际化工作中教师参与的重要性,在会议期间受到多位学者的关注,同时也是本书第八章(佩蒂·麦吉尔·彼得森撰写)和第九章(戴安娜·B.卡琳撰写)所涉及的重要内容。彼得森认为,国际化工作时常遭遇困境,因为教师还处于这项工作的外围,这是因为教师缺乏兴趣和主动性所导致的。她认为,教师一直被忽视,而不是被鼓励尽可能参与这项复杂的工作。她指出,国际化工作会超越教师已有的工作范式及原有规则。教师的任期、晋升、休假、补偿政策及部门惯例等都要结合参与国际化工作的目标做出相应调整。学校在提供研究领域的国际合作机会之外,还需要提供在另一种文化背景下开展学科教学的机会。

卡琳强调,国际化的教师队伍是为学生提供真正的国际化教育的关键。她强调,阻碍教师参与国际活动的因素在于:任期及职业发展中存在一些不利因素,缺少相应的激励措施;资金不足;

教师对国际化课程缺乏兴趣；在教师群体中存在抵制态度；校区的分权治理结构使得教师与国际处相关高级管理人员之间的联系存在隔阂。卡琳也提出了一些手段来解决这些障碍，促进教师参与到国际化工作中。一个基本观点是，高校的所有教师应该具备参与国际化活动的系统知识，学校最好能够开展综合性的年度调查。甄别可以被利用的学科、项目、个人等资源，并将其视为一种促进国际化的工具，应用到那些最需要的领域中。针对如何利用现有的专业知识，她提供了各种类型的案例。卡琳还探讨了在研究生阶段开展国际化教师职前培养的重要性。

  本土校园国际化的另一项工作是扩充和整合国外学生。庞大的国外学生队伍能够提升本土学生的文化理解力，增加招生数量和学费收入，以及满足国际经济发展的需求。2007年，全球有200万左右的留学生遍布世界各地，而到2025年，这一数字预计将达到800万。宾夕法尼亚大学校长格雷厄姆·斯帕尼尔认为，美国招收更多的国际学生是可行的。他指出，美国大多数的国际学生是本科生。在宾夕法尼亚州，这一人数占了该州国际人口的三分之二。但他进一步指出，国际大学生更能融入校园生活，其与国内大学生之间形成的良好关系有助于青年人之间建立好感及持久的尊重。威尔逊校长认为，当留学生完全融入校园时，他们加深了美国的国际文化理解力。

南卡罗来纳大学名誉校长安德鲁·A. 索伦森（Andrew A. Sorensen）发现，美国高等教育机构现在正处于一个新的环境中，他们必须同其他国家的大学一起争夺最优秀的学生。他指出，1998—2005 年，美国的留学生人数占比从 38% 下降至 22%。一些国家以前通常会为留学教师和学生提供相应费用，但是现在这些费用将由美国高校承担，从而增加了高校的成本。索伦森认为，美国高等教育机构必须更为积极地参与到争夺留学教师和学生的工作中。他指出，对于公立大学而言，这需要说服立法机构增加相应的资金投入。

华盛顿大学—圣路易斯分校校长马克·S. 莱顿（Mark S. Wrighton）在会议报告中介绍了华盛顿大学"国际战略伙伴关系"项目的工作模式，该校与国外大学发展合作关系，从这些合作机构每年招收一定数量的学生，并由华盛顿大学全额资助。他认为，对多元化学生队伍的投资对国内及国外学生都是有益的。为了在合作教育与研究之间建立巩固的联系，核心教师成员应被任命为合作机构的代表。

在第十章，罗切斯特大学名誉校长查尔斯·E. 菲尔普斯教授阐述了国际化学生队伍对学校的益处，并回顾了学生流动的变化趋势。之后，他具体分析了招收、教育、资助国际学生的策略。他提出了一些容易被经验有限的大学管理人员所忽略的问题，如国际学生的语言能力、经济援助、旅行与签证陷阱、必要的校园资助、培养社区意识、解决种族矛盾、了解并维护美国学术规范，以及在与国外教师从事科研工作时产生的特殊问题。同时，他还认为，这些国际学生毕业后仍会发挥重要的作用。

四、思想总结

会议期间达成了一个共识，即美国高等教育系统仍然保持世界领先的地位，但其他国家一直没有停下赶超的脚步。美国高校并没有将这种发展视为威胁，而是将其视为履行自身使命的机遇，即通过研究和教育活动的国际合作提升全世界下一代的产业工人、教育工作者及领导者的知识水平，以及促进世界经济的发展与稳定。

在第十一章中，里兹维和霍恩认为，美国及全世界的高校都需要重新思考他们的角色和目标，结合基于新知识的全球化社会的现实情况，重新塑造自己。他们认为建立在传统人文教育基础上的学习与批判性思维方式对于个体和社会的发展具有持久的价值。高等教育国际化有助于促进人文教育目标的实现，意义深远。他们提出的许多策略均已经在前面的章节中进行了论述，这些方法必须同时采用才能达到促进国际化发展的效果。里兹维和霍恩认为，首要的挑战就是课程设计，这些课程应该采用以学生为中心的教学方法，培养学生的创新性和想象力，并反映21世纪科技的变化情况。在他们看来，这种课程必须超越传统学科的内容。除此之外，社会也必须确保给所有具备学术资格的个体提供平等的实现成就的机会，使其不受生活背景的影响。他们认为，任何国家都不能放弃潜在的人力资本，即受过大学教育的个体。因此，经济条件不能也不应该成为获得教育机会的屏障。他们进一步认为，所有学生均会在高等教育的多样性中受益，并提升高等教育的学习效果。

在第十二章中，D.布鲁斯·约翰斯通分享了他从国际比较高等教育学者、大学校长和公共部门主管等不同身份角色中形成的思想观点。他指出，经济全球化有利于许多国家发展，也包括美国这样具有先进技术和高等教育系统的国家。这样的国家有责任协助其他国家进行知识传播和高等教育扩展。他认为，美国高等教育的国际化程度远低于预期及其社会所需要的水平。他指出，美国高等教育国际化最为薄弱的环节就是，美国大学生和教师缺乏培养第二语言能力的措施，因此很难使用其他语言进行学习和研究。他认为，必须在本科课程、研究生项目及高年级专业教育等领域强化全球化意识。约翰斯通解释了美国高等教育投资体制是如何抑制高校为学生提供国外学习与研究机会的。在他看来,高等教育预算必须包括国际化的课程和学术活动。他进一步指出,虽然全世界都在借鉴和学习美国高等教育系统的经验,但是美国大学在许多领域还能够而且应该学习其他国家大学的实践经验。

第一章
全球化对于美国高等教育的重要性

D. 布鲁斯·约翰斯通

D. 布鲁斯·约翰斯通，纽约州立大学布法罗分校杰出的比较高等教育荣誉教授。其主要研究方向是高等教育财务国际比较、治理及政策制定。其负责的高等教育财政国际比较项目，是一项针对世界范围内高等教育成本变化的研究，是对政府、纳税人、家长及学生历时9年的调查分析。在其到布法罗分校任教前，已有25年的行政管理生涯。他曾在宾夕法尼亚大学担任分管行政事务的副校长、布法罗分校校长、纽约州立大学系统的主要负责人。此后，约翰斯通被评为"富布莱特新世纪学者计划"2007—2008年度的杰出学者领袖。在2006—2007学年，他曾分别担任奥斯陆大学和芬兰坦佩雷大学"伊拉斯莫世界之窗"计划高等教育管理课程兼职讲师。他曾撰写或编辑了许多教材、专著、文章及一些著作中的部分章节，他的代表作品主要涉及高等教育财务状况、

第一章
全球化对于美国高等教育的重要性

学校效率的概念、学生资助政策、系统治理以及高等教育财务国际比较。约翰斯通先后在哈佛大学获得经济学学士学位和教育学硕士学位，于1969年在明尼苏达大学获得教育学博士学位，并获得了多个荣誉博士学位。

"全球化"的概念，以及一些与之相关的表述，例如"全球性（Global）""全球化的（Globalized）"，已进入新闻工作者、学者和政策分析家的词典，与之相关的讨论层出不穷。这些概念已经把诸如"国际性""国际化"这些旧的表述淘汰掉了，同时还加入了一些更新、更丰富的内涵，暗示了这些词的产生源于21世纪前后十年的一些新的变化，诸如新技术、计算机与数字化的无处不在、互联网、不断下降的贸易壁垒，以及市场资本的支配地位。

然而，像其他类似名词一样，全球化也几乎被想当然地过度使用。或者，至少在使用的时候没有充分地理解它的基本内涵，它包括诸多迥异又密集的政治与意识形态领域的评论，特别是针对贸易、资本主义、私有化、自由（市场导向的）经济，以及那些扩展自由企业与贸易的国际组织，如国际货币基金组织和世界银行。大部分这样的评论是批判性的。至少在英美国家，"批判"是一种社会批评的学术简称，大部分是针对国际贸易的，更通常

21

情况下是针对市场、经济竞争、跨国公司、私有化与资本主义的。这些批评导致了前文提到的对全球化过度使用的倾向。

作为一名国际高等教育经济领域的学者，这些讨论很吸引我。我对大部分的批判性的观点并不认同，这使我的学术研究被打上了保守主义的烙印，这令人很不愉快。因此在本章，我将从意识形态中立的角度使用"全球化"这个术语，同时承认全球化不仅仅只是国际化的又一个新术语，也承认确实有某种转变的过程（过去一二十年间进展迅猛），影响了经济、社会、文化及教育机构，对于美国及其他国家的高等教育有着正、反两方面的深刻启示（即使这些启示与影响有时没有引起更多的关注）。

一、旁观者的视角

让我们从定义开始。英国的政治学者、全球化理论专家戴维·赫尔德（David Held）将全球化定义为："全球范围内相互联系的不断扩宽、深化与加速"（Held et al.,1999: 2）。世界银行的高等教育专家贾米尔·萨米，将全球化理解为一种"资本、技术与信息不断跨越国界的一体化进程。通过这种方式创造了一个日益整合的世界市场，其直接结果就是越来越多的国家与公司没有其他选择地在全球性的经济领域中展开竞争"（Salmi,2000）。南非的高等教育学者、社会活动家尼科·克卢蒂援引了一位西班牙社会学者、

第一章
全球化对于美国高等教育的重要性

传播学专家曼纽尔·卡斯特尔的观点，分析了全球化的主要效果，即把一个以民族国家为基础的"半封闭的世界"变成了一个开放的网络社会，体现了信息流动的"无固定位置的活动空间"特性。卡斯特尔的研究关注于这种网络化的、无固定位置的经济与传统文化观念上的冲突，因为全球化促使国家更多地向外看，关注竞争对手和全球市场，而不仅仅是向内看，关注自己的人民、历史与文化（Cloete et al.,2000）。还有学者将全球化视为一种"社会经济与技术进程，趋向于弱化国家系统与区域之间的边界"（Sirat,2006）。澳大利亚的比较教育学者西蒙·马金森将全球化对于世界高等教育的影响分为两部分："（1）开放的信息环境，以及由传播技术所实现的、瞬时完成的信息与数据的转移，使得高等教育与知识本身日益实现彻底的网络化与全球化；（2）包括高等教育在内的许多领域都存在英美经济与文化内核的主导"。他继续提到"全球化与研究型大学所构成的全球市场相关联，而这个市场是由常春藤高校联盟所主导的，美国高校对世界其他地区施加着一种单向的影响，同时新兴国家面临着人才的外流"（Marginson,2006）。

一些评论中经常把全球化和国际化混用。尽管这两个概念很明显是相关的，但它们拥有着完全不同甚至在某些时候几乎是相反的内涵。国际性（International）强调国家之间的关系，这种关系在民族、国家政策影响力的范畴之内，建立在民族、国家相互

23

联系的基础上。国际化是大学所推动与努力的方向：在政府政策的支持下，实现学生、学者、思想以及运行模式的引入与输出。然而，全球化是一个更为"超国家化"（Supranational）的概念：弱化或消亡国家之间的界线，甚至在弱化国家的重要性。国际化或国际主义（Internationalism）欢迎国家与地区文化间的交融。全球化或全球主义（Globalism）在削弱文化，特别是削弱那些无法抵抗新兴的现代主义、自由民主以及英语霸权的统治地位的文化。事实上，马金森认为，国际化与全球化将导致两种不同的趋势，全球化很可能击败真正的国际化。

这些内涵复杂且微妙的定义中隐含了一个问题：这种全球化是否是技术、现代社会以及与人类和组织行为相关的、不可避免的因素直接作用的结果？这些因素是超越政策，特别是超越政府的能力范畴的。全球化是否能够被成功地抵制、削弱，或者至少通过有意识的政策手段进行控制，将其转变为一种更广泛意义上的社会利益，而不是被很多观察者所看到的为复杂利益服务的一支力量？那些认为全球化是政策所无法触及的学者，将技术作为全球化主要的驱动力。技术使信息、知识与资本的流动进程大大加快，并极大地节约了成本。电子通信技术以微小的成本通过光纤或微波可以实现在每秒钟发送高达数十亿数量级的数字化信息，或完成价值数十亿美元的借贷。通过这些电子通信、计算机以及

第一章
全球化对于美国高等教育的重要性

资本密集生产方式所创造的电子奇迹，商品的生产与服务（例如电话平台提供的银行服务或网络远程学习方式提供的教育产品）不再固定在某个地区，更倾向于落户在政局稳定、劳动力性价比高、合同执行效果好、税收与立法环境适于商业发展的任何地区。

然而，全球化力量的加强与控制并非是国家与政策所不能控制的。很显然，政府的双边或多边协议与实体关系政策，会极大地促进商品、货物与服务贸易的发展。贸易会创造更多的就业机会并在出口中获益，同样可以进口更多价位合理的商品与服务，有时可以提供更便宜的商品与货物，有时可以提供没有贸易优势时很难获得的商品和原材料。贸易自由化进程促进了经典的李嘉图比较优势贸易理论的发展。信息时代的电子通信能力，以及现代海运、空运、公路运输能力可以触及世界的任何一个角落，大大加强了出口国的工资水平、实际收益和进口国的实际购买能力。在严重的经济萧条期，贸易保护主义情绪也开始抬头。然而要记住，尽管美国的制造业正在经历工场倒闭、大量就业机会减少的困境，美国仍然是世界上最大的商品与服务出口国，我们的贸易伙伴用美元结算，他们在出口中的获益有一部分仍会还给我们。此外，外国持有的美元对于我们国内较低的国民储蓄率来讲，也是一种补充。

同时，全球化进程中也产生了公认的赢家与输家。收益与损

25

失（总体来看更多是收益）在国与国之间、个人与个人之间的分配是不均衡的（有些人会说是不公平的）。赢家是那些企业所有者、东南亚等地区的新型劳动力、跨国公司的所有者或总经理、新技术的拥有者和开发者、储备货币的拥有者、在大多数国家中的高学历群体，特别是工程、科技、管理与经济等领域内受过高等教育的人。在输家中，有一部分是高收入国家的工人，他们在与国外更低的工资水平或在技术上的优势地位相竞争时处于不利地位；还有贸易环境变得很糟糕的商品（除了石油、汽油之外）的出口商；还包括几乎全部的高借贷、低收入的国家，他们拥有很少甚至没有储备货币，无法购买需要进口的商品与服务。

总之，在全球化的经济体系中，国家的财富很少来源于耕地、自然资源（石油除外）和工业资产，更多来源于那些能够吸引投资者的天然或后天形成的舒适环境与服务、资本与知识。因此，尽管自然资源、基础设施（例如，交通、电力与电子通信），以及性价比高的人力资源都很重要，但新全球经济环境中的国家财富越来越多地来源于以下途径：

・知识。知识的商业化受到专利权、版权以及授权协议的保护。

・大学与研究中心。这些机构在不断地补充知识。

・学者与科学家。他们能够在全球市场上生产、使用和管理知识。

·受过教育且适应力强的劳动力。被训练去制造知识经济时代的商品与服务。

·一个教育培训体系。包括初等教育、中等教育、高等教育、中学后职业教育和终身教育；还包括传统教育形式和非传统教育形式；在科学与技术领域上有优势。

·政治与法律基础设施。包括理性、诚实的政府，稳定、廉洁的司法制度，稳定的金融秩序，良性的监管与税收环境。

二、全球化与高等教育

全球化这种过程或现象，在许多方面深刻地影响了高等教育。不利的一面是，至少对大学教师、学院与大学的领导者来讲，全球化在包括美国在内的大多数国家中都会给税收与公共部门财政造成麻烦，这会导致学院与大学在经济上的日益紧缩。对于家长，尤其是对于学生来讲，全球化可能因此引发学费的快速增长，并促使经济资助由政府拨款转变为入学贷款，进而令人担忧地导致很高程度的学生借贷。对于那些批评者来讲，甚至在美国，全球化同样可能进一步影响到教育、商业教育政策，以及政治经济领域中的保守主义者的政治权利。非洲、拉丁美洲等发展中国家也同样无法在低成本、高效益的制造装备业中获益。全球化使这些国家的贸易受损，本地经济陷入停滞，公共部门财政紧缩，高等教育尤其如此。（许多批评论者同样谴责了英美文化和学术界日益施加的过度的影响。）此外，高等教育对于税收的需求是很大的。但由于全球化、包括房产在内的应税资产转移的日益便捷、较低的税收司法权限等因素的作用，税收上的限制是一个很好的检验政客以及公共部门与税收政策改革发展的标尺，但它无法用来检验纳税人收入的过剩增长。

然而，对于学院与大学来讲有利的一面是，全球化极大地增强了高等教育的重要性。对于个人来讲，意味着更高的收益能力、更丰富的生活、更高的社会地位；对于社会来讲，意味着更高的全球竞争力、经济繁荣度、社会的良性运转，以及更为理性的政府和更有活力的公民社会。例如，在美国，高等教育入学率一直持续上升，从 1992 年到 2006 的 14 年间上升了 23%，2017 年再提升 9% ~ 16%，达到 1940 万 ~ 2060 万人的规模（NCES Projections of Education Statistics to 2017, Figure C）。2007 年，超过 4000 所能够颁发学位的学院与大学的办学成本（不算学生生活成本）总计为 3730 亿美元（NCES Digest of Education Statistics，2009）。而且，随着高等教育入学率与参与率的不断上升，以及私立高等教育的爆炸式增长，公立与私立高等教育成本的不断增加是一个世界现象。全世界高等教育或中学后教育的学生数量，在过去的一个世纪里一直在增加，大致从 20 世纪初的 50 万人增长到了 21 世纪初的 1 亿人。2010 年这一数量达到 1.2 亿人（Schofer and Meyer,2005; Daniel et al.,2006）。因此，全球化，以及其相伴随的全球经济竞争的加剧、知识经济的优势地位，共同强化了对公立与私立高等教育的需求。

对于美国（以及世界上大部分的其他国家）高等教育来讲，这种对于高等教育重要性的认识与需要的提升产生了两方面的影响。一方面，美国顶尖的研究型大学在全球的卓越地位达到史上最高。尽管都意识到运用一套复杂的质量标准对于大学卓越性进行评价是不可能的，同时也知道全世界越来越关注大学排名及其成绩单是非常愚蠢的行为，但在 2008 年，美国的研究型大学在上海交通大学公布的世界排名前 20 所大学中占了 17 所（2008），在《泰晤士报高等教育副刊》大学排名的前 20 所中占到 14 所（2008）。根据一些同行学者的观点（尽管存在一些问题），这样的地位体现了美国大学吸引全世界优质学生与学者的能力。

另一方面，全世界大部分地区对所谓的非大学机构，特别是社区学院，同样充满了兴趣。因为这些机构拥有很多优势，如容易申请、短期化学习、结合社会实际、课程与职业相关、相对低的成本，在攻读本科或更高的学位时，前两年或三年的社区学院教育性价比很高。美国的社区学院模式吸引了很多其他国家的关注，也吸引了越来越多的国际学生到美国的社区学院就读。因此，美国并不仅仅是从全世界吸引学生,当然这部分应该归功于两百年来的美国关于机会的梦想,同时被全世界提供的经济援助与英语高等教育的国际影响力所强化。此外,美国的高等教育模式及看似有效的、多样化的高等教育系统也吸引了全世界的关注。

那些能够吸引全世界的政府和高等教育观察员的因素包括:

·美国顶尖的研究型大学的学术重心,不仅仅是作为最杰出的高等教育机构维持美国长久以来的荣誉(学术声誉是在过去的很多年间打造出来的)的功能,还包括美国的课程、以课程为基础的高级学术训练模式、美国学术任期制度的严谨性和完整性、美国顶尖研究型大学的竞争性(相对于一些欧洲大陆国家明确反对竞争的高等教育系统而言),以及多数联邦研究合同确立所基于的、竞争性的同行评审模型。

·美国的社区学院提供的教育,结合了扩大外部机会、与工作实际相关,以及成本低、收益高等优势。首次从中学毕业的学生有大约40%进入了两年制的社区学院。

·政府税收的巨额补充,加上学费收入、社会慈善捐助以及学校创收部分,大大增强了美国高等教育的经济基础。公立高校的学费收入占到机构成本的20%~45%。2007年,美国公立与私立院校的慈善捐助增长了297.5亿美元,用于学校的正常运营。2007年捐款总计1490亿美元(Council for Aid to Education,2008;

BACYBI, 2007）。

·依据成本效益的原则保障入学机会。尽管所有高等教育机构的学费都比较高，但来自联邦、州、学校、其他私人来源、补助（主要指经过收入调查结果而确定的）、学生贷款（联邦担保的包括经过收入调查结果确定补贴的和未被补贴的）、教育税收抵免的部分，在2007—2008年达到1434亿美元（College Board, 2008, Table 1:5）

·美国公立高等教育的权力下放给50个州，往下继续下放给公立高等教育系统和准自治的公立大学董事会。这会鼓励学校的自治、竞争与改革尝试（特别是与那些政府直属大学，教师普遍受制于公务员身份的、国际盛行的模式相比较）。

·私立高等教育部门代表着美国高等教育的质量、反应速度与活力。私立高等教育既包括那些有着很高声誉的院校（一般是那些接受大额捐赠并且提供选择性入学机会的院校），也包括那些很少选择性入学且接受很少捐赠的学院，然而这些学院却能提供良好的教学，关注学生，设置非常灵活且对当前的职业市场做出充分回应的专业。这些依赖于学费与慈善捐款的私立高校，占到美国四年制高校的70%，招生数占到全美高等教育入学人数的22%。

简而言之，在一个越来越全球化的世界中，从国际比较的视角考察美国高等教育是有益的。我们好像正在做一件正确的事情。

31

上面提到的很多特色，例如，灵活的学术课程学分、公立教育收费、公立高校董事会、公立高校法人化、机构多样性、教师教学有效性评价、积极筹款、竞争性的研究资助，正在全世界被推广。想到美国国内，特别是政客对于美国高等教育的无休无止的抱怨，这些来自外部的欣赏与效仿应该也算一种安慰，即使这些不太可能平息国内的批评或补充我们的预算。

这并不代表我们不能从其他地区的高等教育政策与经验中学习。特别是欧盟的高等教育，其样貌正在快速地变化，在研究评估、绩效基础上的预算、学生债务管理等方面实施了重要的改革。但总体来讲，美国的高等教育系统（或系统外的高等教育机构）运转得很好，特别是在一个国际比较的背景中，美国的系统可以平衡一些来自如下方面的、很强且多样性的力量：

·学生：为其提供良好的教学、合适的课程，同时保证学生的负担能力。

·雇主：为其提供拥有实用的技能与工作经验的毕业生。

·教师：保护教师在教学决策中的学术自由与卓越发展。

·政治家与纳税人：他们期待资金使用价值的提升，且不完全信任教师和学校管理者可以达到这一结果。

·学校领导者：校长、名誉校长、系主任等。他们负责平衡这些多样化的力量，保护学校，应对一直存在的（2009年极度恶化的）经济紧缩。

三、全球化世界中的高等教育领导

最后一部分内容可以作为我们最终思考的延续：日益全球化的世界对于美国高等教育的领导者来讲，到底意味着什么？作为一所州立大学的前校长、州高等教育系统的校长、高等教育经济与治理国际比较的学者，我从两个方面回答我自己提出的问题。

公共税收在大部分州都在持续地下降，受到当前（2008—2009）美国所遭受的全球经济衰退的影响，下降还会进一步加速。如果全球化的一个结果就是这种公共税收情况的加剧，那么学院与大学的校长要做的第一件事情就是，领导学校走出这种持续性的经济紧缩。这要求校长首先关注高等教育的重要性，即高等教育在迎接全球经济挑战、坚持扩大高等教育参与的社会价值等，与大学理事、政治和公民领袖进行强有力的沟通。同时，通过削减不必要的专业与职员、对学术资源进行彻底重新分配来改善机构办学，以应对财政紧缩的形势。这意味着，如果情况持续下去，仅仅宣称教育质量可能在下降是不够的，还要有勇气承认，质量已经在下降了。事实上，尽管已经在进行成本效益管理方面做了大量努力（支持这些观点并执行相应削减），但教育质量仍然下降得很快。

同时，日益全球化的世界所需要的，不仅仅是管理学校走出财政紧缩和公开表达意见。校长、名誉校长、理事、系主任以及教师等学者型领导，要注意如下问题：

·通过改变入学和毕业要求、支持语言学院及其教师的手段，强调第二甚至第三语言能力。

·奖励那些能够与海外学生和学者加强联系的教职员工，接纳海外学生与学者，使他们融入学院与社区的生活，以重塑学生的学习经验。

·要承认关心和支持国际学生是有成本的。国际学生不能被简单地视为州之外的学费来源，或是衡量办学质量或学术水平的标准。

·为国外学习提供资金和人员支持。这不是一种公费的出国旅游，而是提供基于较高期待的学术学分。

·支持课程与系的重组和重建。这会促使学校在学术研究与学生学习方面提高国际声誉和水平。

·国际化不是受到一所国外大学的邀请在机构合作协议上签字那么简单。真正的学术合作只能源自教师，就像国际学生在学术上的成绩源自他们与本地师生在学术和社会中的相互作用。学校的国际化需要领导者在学术和资金上的支持，但它发生在整个校园中。

这是一个崭新的、更加全球化的世界。包括本科生与研究生在内的大部分美国学生相对于世界上大部分国家的学生来讲，还没有理解这个新的、全球化的现实。美国高等教育的领导者们有机会改变这一现实。而且，他们必须成功。

参考文献

[1] Cloete Nico, Michael Cross, Johan Muller, et al. Culture, Identity, and the Role of Higher Education in Building Democracy in South Africa[C]//Diversity and Unity. Johannesburg: Center for Higher Education Transformation and The Ford Foundation,2000.

[2] College Board. Trends in Student Aid 2008[R]. New York: The College Board,2008.

[3] Council for Aid to Education. Contributions to Colleges and University up by 6.3% to $29.75 Billion[R]. New York:CAE,2008.

[4] Daniel John, Asha Kanwar, Stamenka Ulvalic-Trumbic. A Tectonic Shift in Global Higher Education[J]. Change,2006, 38 (4), 16-23.

[5] Held D, McGrew A, Goldlatt D, et al, Global Transformations: Politics, Economics, and Culture[M]. Stanford: Stanford University

Press,1999.

[6] Marginson Simon. How Do You Define Globalization?[J].The Navigator,2006, 6(1), 1-6.

[7] Marginson Simon. Revisiting the Definitions of Internationlization and Globalization[C]//Towards a Cartography of Higher Education Policy Change: A festschrift in Honour of Guy Neave. Enschede: Center for Higher Education Policy Studies,2007.

[8] National Association for College and University Business Officers. 2007 NACUBO Endowment Study[R]. Washington: NACUBO,2007.

[9] National Center for Education Statistics. Digest of Education Statistics[R]. New York:NCES,2009.

[10] National Center for Education Statistics. Projections of Education Statistics to 2017, Figure C, Actual and middle Alternative projected numbers for total enrollment in degree-granting institutions: Selected yesrs, 1992—2017[R]. New York:NCES,2009.

[11] Salmi Jamil. Higher Education at a Turning Point[M]. Washington: The World Bank,2000.

[12] Schofer Evan, John W. Meyer. The Worldwide Expansion of Higher Education in the Twentieth Century[J]. American

Sociological Review, 2005, 70(12), 898—920.

[13] Shanghai Jiao Tong University. Academic Ranking of World Universities[R]. Shanghai:Shanghai Jiao Tong Universit,2008.

[14] Sirat Morshid. Transnational higher education in Malaysia[J].The Navigator,2006, 6(1), 10-15.

[15] Times Higher Education Supplement. World University Rankings[R]. London:Times Higher Education Supplement,2008.

第二章
全球化世界中的高等教育大众化

菲利普·G. 阿特巴赫

菲利普·G. 阿特巴赫，美国波士顿学院林奇教育学院莫兰讲座终身教授，波士顿学院国际高等教育中心主任；"富布莱特新世纪学者计划" 2004—2006 年度的杰出学者领袖。他曾是卡耐基教学促进基金会高级助理，担任过《高等教育评论》《比较教育评论》的主编及《教育政策》的编辑。其代表性著作有《动荡与变迁：高等教育的世界趋势》《比较高等教育》《美国学生政治》等，并与他人合编了《高等教育国际手册》。他的最新著作名为"世界一流：变革中的亚洲和拉丁美洲研究型大学"。阿特巴赫在美国芝加哥大学先后获得学士、硕士和博士学位。他曾先后任教于美国威斯康星大学麦迪逊分校和纽约州立大学布法罗分校，并在哈佛大学教育学专业从事博士后研究及教学工作。他是上海交通大学高等教育研究院国际咨询顾问委员会主席，兼任北京大学高

第二章
全球化世界中的高等教育大众化

等教育科学研究所客座教授；同时，他还受聘为美国斯坦福大学、法国巴黎政治科学研究所及印度孟买大学的客座教授。阿特巴赫博士也是印度、马来西亚及新加坡等国的富布莱特学者。他先后获得日本、德国等国家学术组织的奖励，兼任中国香港大学研究员及中国台湾地区的高级学者。

21世纪，高等教育大众化已经成为全球高等教育发展的必然趋势。2009年，全球高等教育的入学人数从十年前的不到1亿人上升到了1.25亿人。目前，高等教育的规模扩张主要发生在发展中国家，即使这些国家处于经济危机之中，扩张也仍在继续。中国高等教育在校生已经超过2700万人[1]，拥有世界上规模最大的高等教育体系。印度高等教育招生达到1400万人[2]，位居世界第三。但是中国高等教育适龄人群的入学率约为20%，印度为10%，在高等教育扩张方面，两国都有较大的发展空间。撒哈拉沙漠以南的一些非洲国家，其适龄人群的高等教育入学率只达到5%，甚至更少。几乎所有的工业化国家和一些中等收入国家的高等学校招生数均超过了适龄人群总量的25%，这些国家已经建立了高等教育大众化体系。其中大多数国家正朝着招收40%甚至更多的适

---

[1][2] 译者注：此处为作者撰写原稿时的同期数据。

龄人群目标发展，一些国家目前的适龄人群入学率已经达到50%。

我们所指的"大众化"是这样一个过程，高等教育系统依托一系列多样化的学术机构面向适龄人群招收更多数量和更高比例的学生。有些国家，即使那些直到现在依然拥有小规模和精英化的高等教育系统的国家，也面临着高等教育扩张的压力。没有任何一个国家可以摆脱大众化的冲击。

直到20世纪60年代，世界大多数国家的高等教育规模仍然是有限的。社会学家马丁·特罗（Martin Trow）将世界高等教育发展分为三个阶段：精英化高等教育阶段（适龄人群入学率在15%以下）；高等教育大众化阶段（适龄人群入学率在20%到30%之间）；高等教育普及化阶段（适龄人群入学率超过30%）。他认为，高等教育不可避免地向着普及化阶段推进（Trow, 2006）。马丁·特罗既是乐观的，又是悲观的。他指出，大多数国家的高等教育系统能够容纳15%适龄的人群，一旦超过15%，结构变化就是必需的。招生规模比较大的国家，比如，美国和加拿大，已经停止了扩大规模，现在招生数量已经超过适龄人口的50%。马丁·特罗在20世纪60年代末所指出的那些迈向高等教育大众化阶段的国家，其高等教育规模已经迅速扩张。

20世纪90年代，我们见证了世界许多地区的高等教育大众化和普及化进程。包括德国、英国、法国和意大利在内的所有西欧

第二章
全球化世界中的高等教育大众化

大国，高等教育已经大幅度扩张，适龄人群入学率达到 30% 或者更高。20 世纪 90 年代末期，亚洲经历过经济快速增长的一些中等收入的国家遭受了经济危机。总体来讲，不论在这些亚洲国家还是世界其他地区，经济发展的周期性对高等教育扩张没有产生显著的影响，高等教育的需求几乎不受任何因素的影响。只有在撒哈拉以南的非洲地区，受到长期严重的经济危机和政治危机的影响，部分地区高等教育扩张十分缓慢。虽然仍然存在地区差异，20 世纪末，高等教育扩张仍然是全球的一个趋势。

尽管我们承认高等教育的全球扩张和大众化体系的建立已经成为一种必然的趋势，却不能太笼统地概括这一问题。一些高等教育系统已经达到一定的成熟度，但是由于受制于社会因素或经济因素而使扩张受阻。以日本为例，20 世纪 90 年代，日本的高等教育已达到很高的发展水平，与此同时，其大学适龄人口正在下降，经济陷入长期的衰退。专家预测，学生总数将会适当地下降，非传统的适龄学生可能会弥补一些传统适龄学生人数的下降，一些不太知名的私立大学将会由于生源不足而倒闭。与之形成对比的是，美国同样拥有很高的高等教育入学率，高等教育短期内由于 18 岁至 22 岁的统计人口增长而得以扩张。然而，几乎每个国家非传统适龄学生的入学率都在持续增长。那些年轻时没有取得学位或是需要提升自身技能的、年长的人对接受高等教育充满了需求，大多数国家也已经开始满足他们的需求。

高等教育大众化在全球范围内的出现具有其内在合理性，这将会促进未来几十年学院的发展。当然，由于大学是高度保守的机构，其改革十分缓慢，传统的体制和治理模式还会继续存在。但是高等教育大众化的内在逻辑会影响每一个国家和大学。

美国的高等教育系统在高等教育大众化时代成为世界其他国家学习的典范，因为美国是第一个进入高等教育大众化阶段的国家。美国的高等教育大众化始于20世纪20年代，在20世纪50年代迅速扩张。美国为其他国家提供了面对高等教育扩张时可供参考的模式和经验，在某种情况下有些国家甚至会直接模仿美国的做法（Altbach，1998a）。大多数国家的高等教育体系直到20世纪中期，都处于高等教育精英化阶段，因此不需要应对大量学生的问题。随着学生数量的增长，这些高等教育系统被迫去适应这种新情况，这通常是一项非常艰巨的任务。以意大利为例，传统的学术组织机构很难应对较大规模的学生。英国则在20世纪80年代对其高等教育体系进行了重组，以应对较大的学生规模。世界上的很多高等教育系统正在摸索能够在高等教育大众化背景下有效运作的新模式。

21世纪的全球一体化已经给高等教育大众化带来了显著的影响，与此同时，大众化已经影响了全球化的学术环境。出国留

第二章
全球化世界中的高等教育大众化

学的学生数量的显著增长就是这种影响的一种体现。2009年，大约250万名学生在国外读书；到2050年，这个数目有可能增长到800万名（DeWit et al.,2008）。出国学习的原因有很多，其中之一就是本国高等教育容量有限，这也是高等教育大众化的直接影响。其他的高等教育国际行动，包括分校的快速增长、合作计划、联合学位、特许经营的学术课程等，已经更大程度上被投入那些需要更多入学机会的国家。

同样为了在很大程度上满足那些缺少足够教学人员的国家对合格教授的需求，学术人才也存在显著的国际流动。这种流动大部分是从发展中国家流向工业化国家的，在发展中国家之间也有明显的流动。高等教育大众化使得全球经济和就业市场的竞争空前激烈。大家也意识到，学生必须掌握全球化的技能，才能有效地参与到全球经济和就业市场中（Stearns,2009）。因此，全球化和高等教育大众化之间存在直接和共生的关系。

本章讨论的是一些世界范围内高等教育大众化的重要现实。以下是关于21世纪高等教育大众化现象的重要主题：

· 高等教育投资的挑战。

· 高等教育的新部门，包括私立高等教育、营利性高等教育和新的职业教育机构。

· 远程高等教育，满足需求的手段。

- 学术机构和系统的多样性和复杂性。
- 学术机构的"管理主义"和"行政化"。
- 学术职业的性质。
- 学生以及学生文化的多样性。

一、高等教育投资的挑战

高等教育是昂贵的。高等教育提供教学、图书馆、实验室和其他设备的花费大幅增长。尤其是图书馆和实验室,目前需要巨大的资源投入。新的通信技术,以及与之相配的知识的飞速发展,成本都很昂贵。

在过去的三十年里,高等教育投资观念产生了显著的转变。早前,大部分国家都有这样一个共识:高等教育是通过向那些在大学和其他高等教育机构中学习的人传授知识和技能来对社会做出重大贡献的"公共产品"。由于高等教育被认为是公共产品,因此大家认为社会应当承担其大部分的费用。20 世纪 80 年代,这种观念开始转变。从世界银行扩展到各国政府,大家普遍认为高等教育的个人收益高于社会收益,因此被视为一种"私人物品"(World Bank,1994)。这种思想的转变为高等教育的"投资者和使用者"(学生及其家庭)带来了更多的负担。很多国家要求学生缴纳越来越多的高等教育费用。

第二章
全球化世界中的高等教育大众化

许多国家的公共财政政策都经历了重大调整。第二次世界大战以后达成的对于国家在为高等教育以及公共服务拨款中应扮演的角色和随之而来的为支付这些公共服务而执行的高税率政策的共识，自 20 世纪 80 年代开始逐步瓦解。英国前首相玛格丽特·撒切尔夫人和美国前总统罗纳德·里根所执掌的政府曾在这一领域有着重大影响。甚至在瑞典，社会民主党派曾一度失去了大多数选票，其国家层面的福利待遇在一定程度上被削弱。最终，世界经济走势的影响和竞争的压力使得各国政府开始削减公共支出（Kuttner, 1997）。在 1992 年《马斯特里赫特条约》和在欧盟以欧元为基础的经济政策出现之后，公共支出的增长受到限制，在一些国家还被削减。澳大利亚和新西兰走在这种变化的前端。分析家们指出，世界银行和其他国际机构强调了全球化政策和新自由主义政策，并将它们与世界各地学术系统所面临的、持续的金融问题联系起来（Stiglitz, 2002）。

因此，在高等教育学生数量显著增长的同时，作为大多数国家的（高等教育）传统投资来源的政府已经不太愿意对高等教育进行投资，这给高等教育体系带来了很大的压力。由于公众的教育需求十分庞大，而且很多欧洲国家保证通过中学考试的学生享有入学的机会，因此高等教育扩张不能停止。高等教育机构和系统不得不以更少的资源来为更多的学生服务。

对于这种局面，各国应对的办法不尽相同。由于国家在政策上仍然承诺增加入学机会，包括英国在内的许多西欧国家的高等教育扩张仍在继续，甚至以更快的速度在推进。德国、法国和意大利的高等教育基本上仍是免费的，但政府的财政投入却没有与在校生人数的增长相匹配，这就导致了大学的过度拥挤和学习条件的恶化。在德国，学生的不满造成了自20世纪60年代起最大规模的游行。经历了重大的改革之后，英国英格兰和威尔士地区开始第一次引入学费制度，作为缓解高校经费短缺的手段，帮助高校应对在校生人数增长的压力，使其在政府拨款减少的情况下增加入学机会，并保证质量。1998年，新当选的英国工党政府引入大学的学费制度，并且从那以后学费开始持续增长。工党为"追加"费用立法，第一次给予学术机构设定自己的收费标准的权力。在世界其他地区，例如，拉丁美洲、中欧和东欧、亚洲的一些地区，私立高等教育机构因为可以满足不断增加的高等教育需求而被鼓励并得以快速发展，私立高等院校的入学人数在高等教育入学总人数中所占的比例逐步提升。

二、高等教育的新部门

随着高等教育的扩张，像大学这样的传统高等教育组织机构也在逐步扩大。另外，为了服务于更多的人群，为了给更多的人提供多元化的教育和培训，新型教育机构数量也将不可避免地增

第二章
全球化世界中的高等教育大众化

加。大学仍然是高等教育扩张的中心,其他形式的高等教育提供了更多的入学机会和多样性。由于前面提到的财政压力的原因,以及私立机构有能力应对快速增长的教育需求,私立高等教育扩张速度非常快。

在许多国家,非营利性的私立大学和学院是高等教育系统重要的组成部分。甚至在那些私立高等教育从来都不活跃的国家(例如马来西亚、匈牙利),私立大学的数量也在不断增长(Geiger,1986;阿特巴赫,1999)。私立机构在教育质量、办学方向、培养侧重以及社会捐款和财政拨款等方面十分多元。许多国家的私立高等教育机构都带有宗教性质。在拉丁美洲,许多最古老、最负盛名的大学最初都是由教会创办的。

在机构规模和数量上,非营利性的私立高等教育机构日益被新兴的、企业化的私立大学和专业机构超越,但是后者常常出现质量问题(Altbach,1998b)。中欧和东欧的情况比较类似,为了应对扩张的高等教育市场的多样化需求,越来越多的私立高等教育机构得以建立。办学资源是稀缺的,大部分私立教育机构将重点放在如管理学、计算机科学、信息技术等高需求的专业上。私立学校也提供那些教学成本低廉的专业,如那些不需要实验设备和昂贵仪器的艺术专业和社会科学专业。新兴的私立学校通常都是企业性的,他们利用"市场利基"为自己的"产品"做广告,像民营企业一样运行。

许多国家和地区的私立高等教育在招生上占据着整个高等教育的大半江山。墨西哥、阿根廷、巴西以及少数其他拉丁美洲国家的私立机构招收了超过一半的学生，中欧和东欧的私立机构也在逐步发展。半个多世纪以来，美国的私立学校入学率一直稳定地维持在总入学人数的20%左右，西欧则没有显著的增长。很明显，私立高等教育是高等教育中速度发展最快的部分，同时它也具备满足日益增长的高等教育需求的能力。

营利性机构在过去的几十年里有着显著增长。在美国，有能力颁发学位并被区域认证机构认可的凤凰城大学，开创了营利性机构授予学位的先例。凤凰城大学在美国十二个州都有分校，是美国目前最大的私立大学。通过运用信息技术和聘任大量兼职教师，凤凰城大学为学生提供较多如管理学这种职业性较强的学位教育。其他国家的新兴营利性学校也已经获得较快发展，主要提供那些市场需求度比较高的专业教育。

虽然传统型大学仍是全世界高等教育的核心，但在数量上其仅占所有高等教育机构总量的一小部分。高等教育变得越来越职业化，高等教育体系内部的组合方式也体现了这种特点。在美国，社区学院的规模越来越大，重要性也日益突显。这些以职业教育为主的两年制的学院，现在已经招收了25%的美国学生

（Cohen and Brawer,1996）。其他国家也出现了相似的职业化倾向。在欧洲，不授予学位的职业教育学校有德国的应用科技大学（Fachhochschulen）和荷兰的高等专业教育学院（HBO）。欧洲和其他一些国家的高等教育的大规模增长都发生在非传统大学部分。

最近有研究对研究型大学在知识经济中的突出地位和作用给予了强调（Salmi,2009）。研究型大学，处于各个国家高等教育系统的顶端，是基础研究和应用研究的核心机构，是与世界科学系统和其他国家的大学相互作用的关键，培养了新一代学者，是有效的学术系统的核心。但是，建立和维持一所研究型大学也是十分昂贵的。

三、远程高等教育

高等教育大众化促进了远程教育的兴起。新技术的出现使远程教育以前所未有的、新的方式发展起来。事实上，远程教育还处于发展的早期阶段。当然，远程教育并不是一个新的概念，函授课程和其他不用将学生聚集在一起就能传递知识的方式长期以来就一直存在。以南非大学为例，该大学拥有超过半个世纪通过函授课程提供学位的历史。与此相似的是，20世纪60年代伊始，在新技术出现之前，英国的开放大学（函授大学）就对现代远程教育做出了第一次尝试。它通过书面教材、电视和分小组与课程导师直接交谈相结合的形式,开始其教育计划。虽然开放大学比传统高等教育的花费稍微低一些,但也没有低太多。现在通过更多地依靠纯粹的远距离授课方式,学习成本已经被降低(Mason,1998)。越来越多提供远程教育的机构依靠互联网开展所有的教学和评估工作,基于此,远程教育这一概念的兴起与互联网技术的发展趋于同步。

过去的20年,许多国家利用新技术实施远程高等教育取得了很快的发展。到2000年,10所最大的远程高等教育机构中有8所在发展中国家或中等收入国家,其中土耳其安那多鲁大学(Anadolu)拥有57.8万名学生,中国的电大拥有53万名学生(Task force on higher education and society,2000:31)。日本的广播电视大学使用包括电视教学在内的多种教学方式。以色列的全民大学(Everyman's University)也已经为远程教育的客户提供更多的服务。一些发展中国家的远程高等教育扩张最为显著。泰国两所能够授予学位的公立远程高等教育机构招收超过50万名学生。

远程高等教育仍处于发展中(Van Dusen,1997)。鲜有关于远程教育教学有效性的研究。远程高等教育的财政情况也不是很清楚,虽然现有数据显示其办学成本很低,但这一问题还需要深入研究。以计算机为媒介的教学,直接与教师联系(通过视频会议、网络

第二章
全球化世界中的高等教育大众化

沟通、邮件等方式），以及阅读材料的辅助，这些教学方式都是非常有效的。

远程教育依然存在诸多问题亟待解决，例如真实的办学成本、技术的合理使用，以及质量监管的有关问题。许多人急于利用远程教育作为扩充入学机会的"速成方案"，希望技术能够迎合教育的需要。而对于有效性和质量的关注则少之又少（Robins and Webster,2002）。

远程教育非常适合于教育机构间的国际交流。它能够很容易跨国界地推广教育方案，并且目前已经有很多基于网络的教育产品。但是如何控制、克服跨国教育所带来的文化障碍和其他偏见等问题，还没有得到解决。在跨文化背景下教和学如何运作，还有很多需要学习的地方。

成千上万的学生正在参与远程教育，绝大多数学生来自发展中国家。在没有建造昂贵的校园和图书馆，或者并没有雇用教师走进教室的情况下，远程高等教育也能够满足一部分高等教育需求。虽然远程教育也许不能显著地节省直接教学成本，但它的确能够减少建筑和其他基础设施的支出。

远程高等教育是高等教育系统中一个必要的组成部分（Brown and Duguid,1996），它能够为偏远的学生提供服务，能够允许高等教育的快速扩张，能够灵活地应对课程的快速变动。然而，在不能够提供图书馆和直接与教师接触机会的情况下，远程教育能否为远距离的学生提供最高质量的教育，这一点我们仍然不清楚。理论上讲，远程高等教育至少能够尽其最大努力来提供高质量的教育，但是诸如泰国和印度这样的国家，目前所提供的这种远程教育能否取得卓越成效仍然是一个开放性的问题。

四、学术机构和系统的多样性和复杂性

在高等教育大众化进程中，不仅新的机构传授知识的类型和方法有所改变，而且现有大学也正在发生改变。在大多数情况下，教育机构的规模在扩大，提供给学生的教学内容也更多元化。克拉克·克尔对于美国综合大学的描述具有一定的国际通用性（Kerr,1995）。尽管大学保持着核心功能和治理结构，但其院系的规模和数量一直在持续增长。大学可能会增加整个新的研究机构或其他学术单位，大学特有的使命也可能扩大。大学传统的教学与研究的职能可以直接延伸到工业界和其他社会机构中去，并且能够为更多团体服务。大多数情况下，发展都是通过积累而产生的，即通过增加新的功能和责任，以及在不改变机构基本结构的情况下扩大现有单位的规模。

这种机构发展的模式既有优势也有劣势。它允许大学扩张以满足社会需要，并且保持大学在高等教育系统的核心地位。与

第二章
全球化世界中的高等教育大众化

此同时,它使大学变得更难管理,并且严重破坏了传统的治理模式。现代大学的规模和复杂性已经加重了官僚主义,疏远了教师和学生,破坏了参与治理和共同治理的理念。中世纪巴黎大学信奉的并且保持几个世纪的教授治校的传统,目前正面临着最严重的危机。值得注意的是,共同治理和教授治校的理念起源于19世纪德国洪堡的思想,而后这一理念在20世纪初被美国大学所采用(Ben-David and Zloczower,1962)。随着大学规模的逐渐扩大,很难再保持其传统的治理模式。大学体制必然会变得更加官僚化,直接的教师治校甚至教师参与都已经减弱了。

在对机构的基本控制这一方面,西欧越来越接近于美国。荷兰是这种治理改革的典范。在美国,虽然与其他机构相比,研究型大学中教授的权力依然很大,但是传统的教师权力已经被行政控制所侵蚀,其部分原因是机构扩张的逻辑,部分原因是公共责任的需求(Hirsch and Weber,2001)。

机构扩张不仅带来了治理方式的改变,大学的工作也被扩展开来,为了实施这些新功能,新的办公室、部门、学院以及其他结构都已经出现。在美国,组织化的研究部门(ORUs)(通常也被叫作中心或者学院)的扩散,反映了一流大学扩展研究的需要,这些组织化的研究部门通常有大量的自主权,尤其在受到外部机构资助的时候。与工业界的联系被视为许多大学当前使命中的核心部分，并且大学已经建立了旨在促进大学和工业界联系的行政管理办公室。大学的公共服务也越来越重要，设立了管理公共服务这一领域的办公室。随着学生数量的不断增长，大学还要经常增加教职员工来处理学生的相关问题。一般来说，增长就意味着更多的管理和控制。

随着课程的不断扩展，新部门和学院也随之增加。跨学科教学和研究已经越来越重要，学术单位也被建立起来，以便辅助跨学科工作。在过去几十年出现了诸多全新的学科领域，如计算机科学和信息学，它们在几十年前并不存在。如今，这些学科已经是学术界最重要的学科之一。由于涉及国际贸易的领域，管理学也愈发重要。生物医学的新发现产生了新的院系、学院和研究中心。

五、行政化发展趋势

美国大学提倡行政权力，高等教育中的行政权力在传统上拥有很强的执行功能。学院和大学的校长由董事会任命而不是由教师选举产生。大学的高级管理人员，如副校长和院长由校长任命，通常会听取相关教师的意见。高级管理人员控制着财政预算、学术规划以及其他方面的机构的权力。不同机构的模式之间有很大的区别。最负盛名的大学相对于那些学术排名靠后的大学，拥有更大的教授权力和自治权（Youn and Murphy,1997）

大学需要更多的管理人员来应对大学功能的扩大和多元化。美国的高等教育中发展最快的是学术行政部门。教师人数一直相当稳定，行政人员在数量上却有所增加（Shattock,2003;2009）。处理兼职和非专业的工作，对于教师来说往往非常复杂。他们需要花费全部的精力，同时需要在会计、法律、管理、医疗服务、数据统计等问题领域具备专门知识。

美国模式是处理机构行政管理功能的一种方法。在德国和其他一些欧洲国家，大学具有双重管理结构，由选举产生的校长负责大学的学术事务，由政府任命的行政管理人员(名誉校长)负责管理学校行政事务。行政型校长是公务员而不是学者，通常会任职很长时间，而学术型校长任职时间只有2~3年。随着大学行政管理规模以及财政预算的增长，行政型校长的权力越来越大。与此同时，德国州政府和其他一些国家的政府下放了一些财政预算权，减少了对学术机构的控制，使他们拥有了更多的自主权。学术机构已经变得更复杂，但是在一定程度上拥有了更多的自主权。

六、学术职业

如上所述，学术职业已经失去了其在大学里的一些权力和自主性。由于职业数量的增长，学术工作也在发生改变。事实上，为了满足新的现实需要，学术本身也在发生改变。新型的学术人员正在大学和学院中确立自己的一席之地，临床教授、研究教授、兼职和学术助理人员，以及其他人员都是大众化体系的一部分。教授不受外部权力控制而达到教学自主的理想很难实现。

在某种程度上，学术工作越来越专业化，只负责教学、不参与科研工作和致力于学术发展的教师数量越来越多。而在学术职业中，被研究型大学聘用并产出大量学术成果，以及获得大部分研究资助的精英教授们正逐渐成为少数人。在美国，据统计只有不到五分之一的教授能够进入"研究骨干"系列中（Haas,1996），其余的美国教授，大部分主要从事教学而不是研究和服务。而在大部分欧洲国家，也包括日本和韩国，这些对于研究表达出高度兴趣的国家，实际上只有相对很小比例的教授产出学术成果（Enders,2001）。

学术职业发生了显著的结构改变。在许多国家，全职学者的比例正在下降，而兼职教师的人数却在上升。在美国就是如此，据统计超过30%的教学工作目前由兼职教师完成。全职但非终身教职的教师人数正在增加。与终身教职的员工相比，这些教师通常承担更多的工作量，并且不能取得大学正式教授的职位。虽然一些国家已经尽力提升全职教授的人数，因为他们意识到兼职教师对于他们任职的机构缺乏忠诚和认同感，但是在拉丁美洲，兼职教师才是常态。世界其他国家也在没有预料这个必然结果的情况下朝着拉丁美洲的方向发展。

学术劳动力在性质上的变化将会产生重大的影响（Altbach,2003）。一旦意识到自己不能期待一份全职工作，就只有较少数有资质的年轻人会被学术界吸引。当行业内存在越来越多的兼职和临时初级员工时，平均工资将会降低。由于较少的教授将精力投入研究当中，研究定位和生产力将会下降。对学校的忠诚和认同感将会减少，同时大学中将很少有教授参与学校治理。

高等教育大众化已经减小了教授的权力和自主权。"传统型"的教授不再是学术职业的标准。现在有其他的学术职业路径，它们当中大部分不像过去那样有利于教授职业身份的获取。为了反映高等教育大众化的现状，学术工作的条件已经改变，这些改变或许是不可避免的，但是它们也为大学的未来制造了问题。在新形势下，最合格的人会被学术工作吸引吗？大学能创造出满足日益复杂的社会和经济需要的科研成果吗？会有足够比例的教授致力于社会治理以及大学的治理当中吗？由于高等教育大众化的逻辑影响了教授的职业，这些问题和其他问题都非常重要。

七、学生

毫无疑问，学生是大众化时代大学工作的核心。完成中学教育的学生人数的增长、社会流动的需求、工业社会和信息社会的需要，以及对获得文凭和学位的重视等因素都促进了人们对高等教育的需求。包括一些发展中国家在内，许多国家的中产阶层所对应的职业都需要大学学位。从20世纪60年代到80年代，当一些国家的经济发展放缓时，学生人数却在急剧增长。大多数发展中国家的高等教育扩张从未停止，程度有增无减。即使在美国、德国，以及欧洲的其他国家，大学适龄人口的增长比较微少或者根本没有增长，中学教育毕业率的增长以及非传统年龄的人群的高等教育需求也对大学扩大入学机会持续施加着压力。只有日本等少数国家，对高等教育的需求已经停滞，如果大学招生面向非传统人群开放，那么即使是日本也要面对学生人数增长的问题。

随着高等教育大众化的出现，学生人群的组成成分已经发生了改变。在工业化国家，高等教育被中产阶级统治了长达一个世纪甚至更久的时间。随着中产阶级的扩大，大学也开始发展起来。工人阶级入学现在是很普遍的。发展中国家的高等教育越来越多地提供给中产阶级，甚至是工人阶级的子弟。在许多国家，那些年纪比较大或者没有接受过正规中学教育的非传统学生，也希望获得高等教育的入学机会。女性学生的比例已经迅速增大：在美国和大多数欧洲国家，虽然因专业而有所区别，但是女性至少占到学生人数的一半。越来越多样化的学生人群意味着公共学生文化的改变。

学生的学术能力和学习兴趣更加多元,这同样对大学产生了一定的影响。在不同的学术系统中,学生根据个人的兴趣和能力,会被选入不同类型的学院。大学为那些不适合传统学术研究的学生建立了新型学院。例如,在美国,中学毕业生可以申请两年制的以职业训练为主的社区学院,社区学院是"敞开大门"的机构。

筛选学生不再那么严格,在一定程度上导致了大量学生退学或者花费更长时间完成学位。这种"浪费"具有财政和其他方面的影响,但它是高等教育大众化现实中的一部分。学术系统传统上采用自由放任的方法进行研究,学位完成的要求正在收紧,并且大学有责任为学生制定更为严格的制度。那些不能取得令人满意的学术成果的学生将会被给予最后通牒,然后被勒令退学。许多国家正朝着美国式的课程学分体系的方向发展,因为它为学生提供了定期评估以及监测学术进展的方式。

学生越来越将高等教育看作一种提高就业机会、增加收入的方式。他们不再对高等教育的固有价值感兴趣。学生们将自己视为教育产品的消费者。这种学生态度的改变,对学生与学术机构的关系以及大学等高等教育机构与学生联系的方式等方面产生重大影响。

八、结语

高等教育大众化给学术机构及其与社会的联系方式带来了重大的改变。当高等教育作为一种精英教育时，大学规模很小，并且高等教育的预算也相对适度。关于大学在社会中所扮演的角色存在着一个普遍的共识，大学被给予了相当大的自主权。高等教育在所有社会中都居于核心位置。大学为以技术为支撑的社会中的、几乎所有的商业和政府部门提供着必要的培训。大学通过研究提供新知识。高等教育是大部分人非常关心的问题，因为他们的子女都要进入高等教育机构。进一步说，无论是从政府财政支出的角度，还是从学生家庭的支出角度来讲，高等教育现在都是昂贵的。对于许多国家来说，高等教育占据了国家财政支出的很大一部分，这使得政府更加关心高等教育的表现和效益 (Neave and van Vught,1994)。随着高等教育从边缘走进社会中心，它自然地得到了来自社会的更多关注，也导致了更多的问责。

在许多国家，大学不得不面对高等教育大众化。在大部分欧洲国家，完成了中学考试的学生的升学渠道是通畅的。越来越多的学生通过了考试并且选择进入大学。然而，政府一般来讲并不会为提供高质量教育承担更多的经费。因此，学习条件可能会下降。在许多发展中国家，中产阶级的增加以及经济的增长提高了升学的需求，高等教育被迫接受越来越多的学生，经常无法获得充足的资金。美国是首先迎来高等教育扩张的国家，其公共财政的增加，活跃的私立高等学校，以及由不同质量标准与目标定位的高等教育机构所组成的高度多样化的学术系统的发展，共同作用促成了一个高效的大众化高等教育系统的繁荣。

参考文献

[1] Altbach P. The American Academic Model in Comparative Perspective[C]//Comparative Higher Education: Knowledge, the University and Development. Norwood: Ablex, 1998.

[2] Altbach P. The Anatomy of Private Higher Education[J]. International Higher Education, 1998(12): 9-10.

[3] Altbach, P. Private Prometheus: Private Higher Education and Development[M]. Westport: Greenwood,1999.

[4] Altbach P. The Decline of the Guru: The Academic Profession in Developing and Middle-income Countries[M]. New York: Palgrave,2003.

[5] Altbach P, J Balan. World Class Worldwide: Transforming Research Universities in Asia and Latin America, Baltimore[M]. MD: Johns Hopkins University Press,2007.

[6] Ben-David J, A Zloczower. Universities and Academic Systems in Modern Societies[J]. European Journal of Sociology, 1962,31 (3), 45-84.

[7] Brenrman, David. Brian Pusser and Sarah Turner. Earning from Learning: The Rise of For-Profit Universities[M]. Albany: SUNY Press,2006.

[8] Brown J S, P Duguid. Universities in the Digital Age[J].Change, 1996(7-8): 11-19.

[9] Cohen A, F Brawer. The American Community College[M]. San Francisco: Jossey-Bass,1996.

[10] DeWit, Hans, et al. The Dynamics of International Student Circulation in a Global Content[M]. Rotterdam, the Netherlands: Sense Publishers,2008.

[11] Enders J. Academic Staff in Europe: Changing Content and Conditions[M]. Westport: Greenwood,2001.

[12] José-Ginés Mora, Michael Nugent. Financing Higher Education: Innovation and Changes[J].European Journal of Education, 1998(33): 5-130.

[13] Geiger R L. Private Sectors in Higher Education: Structure, Function and Change in Eight Countries[M]. Ann Arbor:

University of Michigan Press,1986.

[14] Haas J E. The American Academic Profession[C]// The International Academic Profession: Portraits from Fourteen Countries. Princeton: Carnegie Foundation for the Advancement of Teaching,1996.

[15] Hirsch W Z, L E Weber. Governance in Higher Education: The University in a State of Flux[M]. London: Economica, 2001.

[16] Kerr C. The Uses of the University[M]. Cambridge: Harvard University Press,1995.

[17] Kuttner R. Everything for Sale: The Virtues and Limits of Markets[M]. New York: Knopf,1997.

[18] Mason R. Globalising Education: Trends and Applications[M]. London: Routledge,1998.

[19] Neave G, F van Vught. Government and Higher Education Relationships Across Three Countries: The Winds of Change[M]. Oxford: Pergamon,1994.

[20] Organization for Economic Co-operation and Development. Higher Education to 2030[R]. Paris: OECD,2008.

[21] Robins K R, F Webster. The Virtual University?: Knowledge, Markets, and Management[M]. Oxford: Oxford University

Press,2002.

[22] Salmi, Jamil. The Challenge of Establishing World-Class Universities[M]. Washington: The World Bank,2009.

[23] Shattock, Michael. Entrepreneurialism in Universities and the Knowledge Economy: Diversification and Organizational Change in European Higher Education[M]. Maidenhead: Open University Press,2009.

[24] Stearns, Peter. Educating Global Citizens in Colleges and Universities: Challenges and Opportunities[M]. New York: Routledge,2009.

[25] Stiglitz J. Globalization and its Discontents[M]. New York: Norton,2002.

[26] Task Force on Higher Education and Society. Higher Education in Developing Countries: Peril and Promise[M]. Washington: The World Bank,2000.

[27] Trow M. Reflections on the Transition from Elite to Mass to Universal Access: Forms and Phases of Higher Education in Modern Societies since World War II[C]// International Handbook of Higher Education. Dordrecht, the Netherlands: Springer, 2006.

[28] Van Dusen G C. The Virtual University: Technology and Reform in Higher Education[M]. Washington: George Washington University,1997.

[29] World Bank. Higher Education: The Lessons of Experience[R]. Washington: The World Bank,1994.

[30] Youn T, P Murphy. Organizational Studies in Higher Education[M]. New York: Garland,1997.

第三章
高等教育项目和机构的跨境流动[①]

简·奈特

简·奈特,研究专长为国际范围内高等教育的体制与制度(国家与国际层面的分析)。由于曾与联合国有关部门及60多个国家的机构、大学、基金会和专业组织展开过合作研究,因而使她能以比较、发展和国际政策的视角从事教学、科研及政策研究工作。同时,她还是许多著作的作者或编辑。这些著作涉及国际化理念与战略、质量保障、制度管理、流动性、留学教育、贸易、能力建设等领域。她在2008年出版的著作包括《激流中的高等教育:

---

① 本章改编自J. Knight (2005),"Cross—border education: an analytical framework for program and provider mobility" in J. Smart and W. Tierney(eds), *Higher Education: Handbook of Theory and Practice*(Vol.21,pp. 345-96),Dordrecht, Netherlands: Springer, and J. Knight (2008),"Cross—border Education: Programs and Providers on the Move" in *Higher Education in Turmoil: The Changing World of Internationalization*(pp.96~122),Rotterdam, Netherlands: Sense Publishers.

国家化改革与发展》（著）、《高等教育的融资与公平》（主编）、《非洲高等教育：国际的视角》（联合主编）。她现为加拿大多伦多大学安大略教育研究院教授，"富布莱特新世纪学者计划"2007—2008年度学者。她曾是加拿大瑞尔森大学校长办公室国际事务主管。她还曾就职于联合国教科文组织下属的教育规划与政策部门（巴黎），参与了印度非政府组织发展机构，以及加拿大国际开发署支持的项目，这些经历有助于将国际政策和发展中国家观点融入国际教育研究中。简·奈特为许多咨询委员会提供服务，如位于美国夏威夷的东西部中心，南非的自由州大学，以及英国的无国界高等教育观察台。目前，她正致力于区域教育/知识中心的研究项目，区域高等教育研究——基于非洲、亚洲和拉丁美洲的比较，以及21世纪大学研究。

　　国际化是21世纪对高等教育产生深远影响的主要因素之一。国际化是一个旨在将国际视野与高等教育意图、目标、作用和传播相整合的多维进程。学术流动或跨境教育是大学国际化进程的关键因素。"普遍性"（universe）是"大学"这一概念的核心要义，这表明当大学作为高等教育与研究机构建立时，其国际性就已经存在了。此外，学生、学者和知识的流动已成为几个世纪以来高等教育的重要特征。然而仅在近20年间，人们对教育项目、大学和高等教育商业机构跨境流动的兴趣呈现井喷的态势，显然作为新知识经济社会组成部分的教育中心已经形成。

表 3.1 为过去 70 年国际高等教育领域内相关术语的演变。该表显示，尽管"国际化"在政治学领域已使用数年，但在教育领域真正流行起来始于 20 世纪 80 年代。在此之前，"国际化教育"和"国际合作"是更为普遍的用语，并且现在在某些国家依然习惯使用这样的概念。在 20 世纪 90 年代，学者讨论的焦点围绕着"国际教育"与"比较教育"、"全球教育"与"多元文化教育"的区别。而今天，研究的重点在于教育中心、大学城和教育网络的跨界、跨国或无国界研究，这也是研究的最新进展。

表 3.1 国际化教育术语的演化

20 世纪 90 年代 中期流行术语	20 世纪 80 年代 早期使用术语	20 世纪 50 年代 使用术语
	一般术语	
全球化 无国界教育 跨境教育 跨国教育 虚拟教育 教育中心、教育城、教育门户 海外国际化 本土国际化	国际化 多元文化教育 跨文化教育 全球教育 远程教育 海外教育	国际教育 国际发展合作 比较教育 函授教育

(续表)

20世纪90年代 中期流行术语	20世纪80年代 早期使用术语 专业术语	20世纪50年代 使用术语
教育提供者 企业大学 教育服务自由化 网络 虚拟大学 分校 联合培养和特许经营项目 全球教育指数	国际学生 海外学习 机构协议 合作项目 区域研究 双/联合学位	留学生 交换生 发展项目 文化共识 语言学习

来源：Knight,2005,更新于2008

一、高等教育需求增长与跨境带来的影响

在大多数国家，尤其是处于转型期的国家，对中学后教育包括相关专业课程的需求正在增加。造成这一现象的部分原因是不断变化的人口特征，即中学毕业生群体数量的增长，以及终身学习的趋势，更重要的是知识经济的发展以及对技术型劳动者的需求。然而，高等教育需求的不断增长使得公共部门满足这种需求的能力受到挑战，于是可供选择的其他教育形式开始兴起，这包括跨境教育活动的日益频繁，私人和商业的教育或培训机构的增多，以及远程教育和教育中心的显著发展。（Knight,2008）

《2025年全球学生流动性报告》（The Global Student Mobility

2015 Report）（Bohm et al.,2002）预测，体现国际化教育需求的国际学生数量将由 2000 年的 180 万增长至 2025 年的 720 万。新加坡工业和贸易部报告称，教育所获收益高达 2.2 万亿美元（MTI，2004）。这些惊人的数据解释和预测了世界范围内学术流动的增长。这样的需求不能仅通过学生在境内的流动来满足。因此，促进教育机构和跨境项目的数量及种类的增长是十分有必要的。

丰富多彩而又纷繁复杂的跨境教育应运而生，近几年一度成为教育创新和发展的摇篮。例如，凤凰城大学（Phoenix University）已成为美国最大的私立学校（由阿波罗集团所有并运营），并在墨西哥、加拿大、智利、波多黎各和荷兰开设课程；另一所阿波罗集团持有的欧洲国际大学在印度和中国开设课程；荷兰商学院（Universities Nijenrode）最近在尼日利亚开设了分校；哈佛大学也活跃在阿拉伯联合酋长国迪拜的健康护理城（Dubai Healthcare city）。此外，暨南大学成为第一个在国外开设分校的中国大学，泰国将作为计划中的分校所在地。卓越教育（Laureate Education，前身为 Sylvan 学习系统）已经购买了智利、墨西哥、巴拿马和哥斯达黎加的全部或部分私立高等教育机构，并且在马来西亚、中国、澳大利亚、德国、秘鲁、厄瓜多尔、巴西、洪都拉斯、西班牙、瑞士和法国设有大学。迪拜是"知识村"与"国际教育城"两个项目的起源地，二者皆为经济自由区，吸引了来自印度、加拿大、

第三章
高等教育项目和机构的跨境流动

爱尔兰、伊朗、巴基斯坦、俄罗斯、美国和英国的大学。它们通过特许经营协议和分校提供课程，并与企业合址办学。哥伦比亚大学自 2005 年起就在约旦计划建立分校。卡塔尔已建成教育城并邀请外国大学建立本科和研究生层次的教育项目。迄今为止，弗吉尼亚联邦大学、威尔康奈尔医学院、得克萨斯 A&M 大学、卡耐基·梅隆大学、乔治城大学外交学院以及西北大学已在那里运行。纽约大学于 2010 年在阿布扎比成立了自由艺术学院、研究生项目和高级研究中心，所有这些与纽约本部校区统一管理。

然而这些分校的设立并非一帆风顺。约翰斯·霍普金斯大学生物医学研究机构和新南威尔士大学都停止了新加坡跨境教育计划（Global Schoolhouse initiative）。乔治梅森大学在项目开展的三年后，未能培养一个研究生，随后关闭了其在阿拉伯可以授予完整学位的分校。这些只是近十年内数以百计新办跨境院校中的个别案例（Verbik and Merkley,2006）。高等教育提供者（包括机构和企业）通过联合培养、特许经营、分校和联合/双学位计划向在本国、第三国或新的第二代跨境项目如教育中心、教育城或教育门户等方式向学生提供课程。我们已经进入一个由知识社会、信息通信技术和市场经济驱动的全新的跨境教育时代。

本章的目的在于深入探究这些高等教育创新举措的趋势、问题、挑战和内涵，从而更好地理解跨境教育本身。核心焦点是教育项目和提供者的跨境活动，而非学生流动。重点虽在高等教育，许多问题和挑战却关乎其他层面。跨境教育引起了很多不同问题，根源在于这个国家是跨境教育的输入（举办）国还是输出（来源）国。本章同时阐述了这两种情况，因此不局限于北美地区的经验和问题。

二、国际教育术语

在开始这一部分的内容前需要首先明确一下讨论时使用的术语。如表 3.1 所示，学者对高等教育发展问题的研究兴趣不断增长，催生了大量描述最新进展的术语。以下分别进行介绍。

全球化，被定义为在不断流动的人口、文化、思想、价值、知识、技术和经济的跨境活动中实现世界相互联系、彼此依存的过程。全球化是多方面的，不仅限于通常理解的经济全球化。全球化的影响不是统一的，而是在每个国家都各有差异。受制于一个国家特定历史、传统、文化、优势和资源的影响，全球化会产生积极或消极的结果。教育受到全球化的深刻影响，跨境教育的发展被认为是全球化的直接产物之一（Knight, 2006a）

高等教育国际化，是一种有别于全球化的过程。国际化对高等教育而言意味着"将跨国、跨文化和全球意识融入高等教育的目的、功能（教学、研究、服务）和传播"的过程（Knight,

2004）。由于公民、文化、制度深深地打上了民族国家的烙印，所以"国家"是高等教育国际化概念的核心，以此将国际化与强调"世界一体"的全球化加以区别。

国际化战略是指基于校园的活动和跨境项目，主要包括：

·国际发展项目；

·校际合作；

·教学/学习过程、课程和研究的国际化或跨文化视野；

·校内的社团活动；

·因交换、实地工作、休假和咨询工作产生的学术流动；

·国际学生招生；

·交换生计划和海外学期；

·联合/双学位计划；

·联合培养、创办分校。

跨境教育，是指人口、知识、项目、教育提供者、观念、课程、计划、研究和服务跨国或跨地区管辖权的迁移。跨境教育是高等教育国际化的下位概念，常作为合作发展计划、学术交流计划和商业活动的一部分。跨境教育常与诸如跨国（Davis et al.,2001）、离岸、无国界教育（CVCP,2000）这样的术语通用。尽管这些词汇存在一些内涵上的差异，但它们常指类似的活动——特许权、分校、虚拟大学、联合/双学位等。

教育服务贸易，这一术语在商业和教育领域均广泛使用，特指那些具有商业性和营利性的跨境教育活动，但偶尔也有例外。这一术语符合服务贸易总协定中关于教育领域可作为贸易性服务的描述。

教育机构，是目前使用更为普遍和广泛的一个术语，包括传统高等教育机构和营利性组织或企业。传统高等教育机构不再是学术课程和项目唯一的国际传递媒介，国际集团、媒体、信息技术公司，以及公私合作伙伴机构越来越多地参与到国内外教育领域。因此，本章用"提供者"指代所有提供海外教育项目和服务的实体机构。

三、跨境教育：框架与类型

跨境教育是指人员、项目、高等教育机构、知识、思想、计划、价值、课程、政策，以及服务在国家间的流动。表 3.2 描述了一种更好地理解跨境教育本质的框架和两种重要趋势。趋势之一是从学生流动向项目和机构流动的垂直下移。值得一提的是，追求海外求学的学生数量虽仍在增长，但当前国外学术课程和项目的跨境迁移更值得关注。趋势之二是从左至右，标志着从发展合作向商业竞争的重大转变，换言之，即从互助到贸易的转变。

这一框架具体阐释了跨境教育的复杂性和挑战性。首先需要探讨的问题是：跨境教育理论分析框架的要素和原则是什么？更多的问题如：教育流动的基本要素是什么？这种流动是如何发生的？流动的开端在哪？谁在资助它？谁授权其资格？由于跨境教育的驱动因素在不断发生变化，全球教育传送新的教育提供模式、传统教育的三原则（目标、方式与地点）都不足以界定跨境教育的内涵。相对来讲，跨境教育的"内容"要素是最重要的。我们从四个方面展开：人员、课程计划、机构和项目/服务。

表3.2 跨境教育流动类型框架

类别	流动形式和条件		
	发展合作 →	教育连接	商业贸易 →
人员 学生 教授、学者 研究人员 专家、顾问	↓	海外学期/学年 完整学位 实地/研究工作 实习 休假 咨询	
课程计划 课程 计划 副学位或学位 研究生教育	↓	伙伴课程 特许课程 衔接性课程/认证课程 联合培养/双学位 在线/远程	

75

（续表）

类别	流动形式和条件		
	发展合作 →	教育连接	商业贸易 →
机构		分校	
学院		虚拟大学	
组织		兼并/收购	
企业	↓	独立学院	
项目/服务		研究	
学术项目		课程	
服务	↓	能力建设	
		教育服务	

来源：Knight, 2005

人员。包括学生、教授、学者或专家在内的人员流动是跨境教育的首要内容。学生流动的方式有多种：在别国获得完整学位，参与海外交换学习项目，从事实地工作或实习，注册海外学期/学年项目等。这类跨境教育可通过互换协定、政府奖学金、公共或私人资助以及自费等方式获取费用。教授、学者或专家可参与教学和研究活动、技术援助和服务派遣、休假、研讨会和其他专业性活动来实现流动。这些类型的活动可依据交换协定由个人自费或由机构资助，包括合同和服务费，或由公共和私人赞助。

课程计划。课程流动通常是通过国际和国内机构的合作协定完成的，或由外商提供的独立资助完成。课程的传递有远程、面授或混合模式。特许课程、伙伴课程和新形式的衔接性课程和认证课程都是比较常见的。在某些情况下，课程与学历授予由来源国机构/提供者规定，但教学及其辅助工作部分或全部由本地的机构/提供者完成。在另外一些情况中，国外机构对学术性课程的提供全权负责，但可能拥有一个本地的商业投资伙伴。课程的远程传播还包含很多其他情况。

机构。高等教育机构以实体或虚拟的形式迁移至跨境教育接受国。学生不必出国，高等教育机构搬到境外去服务学生。高等教育机构的流动涉及课程、学术与管理服务等很多问题，例如是选择建立一所卫星校园，还是直接设立一所独立机构。此外，高等教育机构也可以收购或合并一所本地学校来实现跨境办学。虚拟大学就是高等教育机构对部分课程进行远程传输开展跨境教育的另一个实例。高等教育机构包括所有私立、公立、营利性、非营利性的教育机构、组织与企业。获得认证的合法教育机构与未经认证的非法机构都在此类。

项目/服务。当分析跨境教育时，我们需要考虑很多与教育相关的计划和服务问题，包括联合课程的开发、科学研究、标准设定、技术支持、网上学习平台、专业发展和其他能力培养的活动，特别是信息技术领域中的能力培养。计划和服务可作为发展援助项目、学术联合或商业合同的一部分。

四、跨境提供者的发展

世界范围内高等教育需求的增长导致了跨境教育提供者的多样性。提供者分为两类：（1）传统高等教育机构（HEIS），通常以教学、研究和社会服务为基本职能；（2）新型或非传统型提供者，主要专注于教学和教育服务的迁移。

传统高等教育机构，包括公立非营利性、私立非营利性和私立营利性机构。许多国家拥有公私共同资助的混合高等教育体系。随着目前公立大学日益寻求私人资金支持并开始收取学费，公立和私立机构之间的界限已模糊化。另一方面，许多国家的私立机构也有资格获得公共资金和从事社会公益活动。

高校是否为本国教育体系的一部分，并且得到国家认证机构的承认并合法颁发学位，是非常重要的。在跨境教育的认证／注册过程中，确保机构的合法性和拥有授权是至关重要的。大部分传统大学遵守国内或国外（所在国）的制度规范，是诚实守信的。但也有一些非法或低劣的提供者在输出和输入国均未获得合法的机构认证，这一现象甚至有所增加。"非法提供者"一般通过自我评审组织或出售审核资格的机构（认证工厂）获得认证。此外，令人担忧的"学位工厂"也在全世界范围内增加（Garrett，2005）。然而这些都不及在网络上基于"终身教育"的幌子而出售学历证书的公司，它们根本不提供任何教育项目。

新型或非传统型提供者是多种多样的，最常见的是以营利为目的提供教育项目和服务的公司或组织。它们更倾向于教育输送和项目培训，而不从事研究或学术活动。它们共同构成了丰富多彩的跨境教育新实体。这些跨境教育新机构可以是实体或虚拟大学，可与国内高等教育提供者（以及其他跨境教育提供者）互补或竞争、合作与并存。它们可以在一个国家单独落户，也可以进驻新教育中心或教育城。

涉及跨境教育推广、规范和管理的新的参与者数量正在快速增长。不论我们对这一变化持支持或反对态度，事实表明许多国家的教育领域正在成为一个充斥着国内外机构的竞争并因此而不断变化的市场。

五、跨境课程和机构的流动类型

跨境课程流动指"个人教育／培训课程与计划通过面授、远程或二者结合的方式跨国境流动。证书资格可由来源国提供者授予，或通过国内附属或联合伙伴授予"（Knight,2005）。表3.3详述了六种主要的课程流动形式。

表 3.3　跨境课程流动类型

类型	描述
特许课程	据此合约,来源国 A 的提供者可授权国家 B 的提供者在 B 国传递其课程、项目和服务。证书由 A 国提供者颁发
伙伴课程	这种情况下,来源国 A 的提供者与 B 国提供者合作形成一套联合培养系统,允许学生在 A、B 两国获得课程学分。证书只能由来源国 A 颁发
双学位/联合学位	据此合约,不同国家的提供者联合提供培养项目,学生可以从提供方获得学历或从合作方获得联合培养学历
衔接性课程	多个国家提供方之间多样的联合方式,允许学生获得由合作提供方提供/传授的课程/项目学分
认证课程	不同国家提供方的认证合约允许接受国 B 的提供方颁发来源国 A 的证书
虚拟/远程	提供方通过远程和在线模式向学生传授课程/项目。借助国内学习或支持中心,也可能包含一些对学生的面授

来源：Knight,2005

很显然,课程流动的关键因素是谁授予课程学分或课程的最终证书。课程流动现象的不断增加,毫无疑问将引起国家、地区甚至国际高等教育质量监管体系的进一步变化。人们对"谁授予学分和学历"这一问题的关注,将引发更多关于"谁来开展对提供者的认证"及其是否获得部门许可或授权的质疑。更为重要的是,所授予的证书能否在接受国或其他国家获得就业和继续教育的承认。证书的合法性、认可度和最终流动是根本问题。

基于课程流动合作关系的几种模式,一个关键问题是：谁拥有课程设计和资源的知识产权？参与合作方在学术、员工、招聘、评估、财政和行政事务上的法律、道德角色与责任是什么？尽管课程的跨境流动已持续多年，但很显然，提供方、合作方、授权方和传授模式在不断挑战着国家和国际的政策与制度体系，且遗留了更多有待解答的问题。

跨境提供者流动被定义为"教育提供方跨国家间的实体或虚拟迁移，以此建立向学生或其他客户提供教育培训课程和服务的机构"（Knight,2005）。课程和提供方流动在所提供的课程的范围与体量上存在差异。学分和证书由外国提供方（通过外国、本地或自我认证渠道），借助相关境内合作伙伴授予或联合授予。表 3.4 介绍了六种主要的提供方流动形式。

提供者跨境的实体或虚拟迁移，引发了课程流动中诸多注册、质量保证和认证方面的共同问题。此外，建立一个实体分校需要考虑不同国家关于实体大学经营的规定、与当地机构之间的产权与所有权归属、当地税收法律、营利或非营利的办学性质、收入的分配、董事会董事、员工、学位授予、学术课程和课程的选择权等。商业规则时常影响机构流动。因此对于某些国家，这些严格的规定起着监督的作用，甚至在某些情况下严格制约着新机构的进入。另外，一些国家提供奖励来吸引优秀机构和提供方建立教学点甚至成立学校，尤其是通过建设知识园、科技园或"教育中心"来吸引国外企业和教育/培训机构的入驻（Knight,2006a）。

表 3.4 跨境提供者流动的类型

类型	描述	实例
分校	A 国的提供方在 B 国建立一所分校，向 B 国学生提供课程和项目（A 国学生也可参与海外学期/学年），资格证由 A 国提供方授予	澳大利亚莫纳什大学在马来西亚和南非建立分校；印第安纳波利斯大学在雅典开设分校
独立学院	外国提供者 A（传统大学、商业公司或联盟/网络）在 B 国建立一个独立高校提供项目/课程和奖励	开罗的德国大学；加拿大和波多黎各（阿波罗集团）的凤凰城大学
收购/兼并	外国提供者 A 购买 B 国一所高校部分或全部股份	卓越教育（前身为 Sylvan 学习系统）兼并或购买了智利、墨西哥和其他拉美国家当地高校
学习中心/教学点	外国提供者 A 在 B 国建立学习中心以支持学生参与课程/项目，学习中心可以独立办学或与 B 国本地的提供者合作	得克萨斯 A&M 在墨西哥城拥有"大学中心"，特洛伊大学（美国）在曼谷开设了 MBA 教学点
联合/网络	各个国家的公立与私立、传统与新兴提供者通过创新伙伴关系达成合作，建立网络/机构，通过远程或面授模式在本国或外国传授课程与项目	卡帕罗集团与卡耐基·梅隆大学在印度开设学校；荷兰商学院分校在尼日利亚与非洲领导人论坛保持着合作
虚拟大学	通过远程教学模式且通常不以面授形式向学生传授学分课程和学位项目的提供者	国际虚拟大学；爱尔兰学院；阿拉伯开放大学

来源：Knight, 2005

六、跨境高等教育的原因和影响

我们需要全方位地审视跨境教育增长的原因和影响因素，要更多考虑输入国及输出国不同利益群体的多样性甚至不同的意见和想法。这些视角的巨大差异，源于观点所代表的立场是学生还是高等教育提供者，是政府机构还是非政府机构，是输出国还是输入国。简而言之，对原因和影响因素的分析是十分复杂的。

（一）国家层面的原因

我们首先需要从宏观层面上分析一下驱动国际化发展的原因，即什么因素导致了跨境教育的产生。传统上讲，国际化体现在四个方面：社会/文化、政治、学术和经济（Knight, de Wit, 1997）。在过去几年中，对这些因素及其相互之间关系的研究已有很多论述（Altbach, Knight,2007; de Wit,2002），这些分析非常有效。然而全球化已导致这些分类的边界日益模糊化。因此，在国家与高等教育机构的层面上探讨跨境教育的原因十分必要。国家/系统层面（Knight,2004）的跨境高等教育国际化的原因包括以下几个方面：

（1）人力资源发展/脑力工人/技术工人。知识经济、人口结构变化、劳动力迁移和服务贸易的增长驱使国家通过国际教育活动将发展和招募人力与智力资本置于更重要的位置。一般来说，国际学生和研究者越来越倾向于先在 A 国获得一个学位，后在 B

国获得第二学位或实习，选择在C国或D国就业，最终在结束8~12年的国际学习和工作后回国。然而，这一现象在小国与大国、发达国家与发展中国家中存在差异。大国或发达国家容易引进人才，小国和欠发达国家通常在人才链的底端遭遇更多的人才流失。因此，对一些国家而言，人才流失的加剧是学生流动的真正风险。尤其当国际学生招生政策与激进的移民政策相挂钩时，处在接收端的小国家，将跨境教育视为避免他们的高等教育毕业生完成学业后驻留海外的有效途径。教育中心可以从很多地区招生并留下他们作为技术劳工。

（2）战略联盟。学生、学术、课程及合作研究和教育措施的国际流动也被视为发展紧密地缘政治的纽带和促进国家间经济关系的有效方式。在过去的十年中，战略联盟已经从文化目的转向了经济目的。战略联盟的发展同时吸引着输出国、输入国和高等教育机构，并且在更大范围的高等教育系统与区域经济协作框架中迅速扩张。

（3）创收/商业贸易。输出国有着通过收费制教育项目或服务将跨境教育作为创收手段的强烈动机，更为重视经济发展与收入增长。新的特许课程合约、国外分校或卫星校园、在线课程和收费生扩招，皆是更具商业性的国际化举措。教育目前是贸易服务总协定中12项服务范畴之一，这有力地证明了输出与输入教育课程和服务是具有潜在利益的贸易领域。

（4）国家建设／能力建设。一些国家有意通过教育输出来创收，另一些国家则致力于引进教育项目和机构，以促进知识经济发展，实现国家建设。国内不能满足持续增长的教育需求，引进外国项目与机构就成为一个可行的方案，这也是拓宽教育渠道与增强国力的途径。

（5）社会文化发展。人们对于社会文化影响作用的认识较为复杂，有时甚至相互冲突。一方面有人认为，在本国获取外国大学的学位可以维护民族认同并传承本土文化。也有观点质疑如何才能从国外引进与本国文化相适应的课程内容与教学／学习。第三种观点强调生活和学习在一个与祖国文化不同的国家对学生的益处。这样的经历开阔他们的眼界，提高他们的国际理解力和跨文化能力，同时有助于学生理解他们的祖国是如何与世界联系的。这样的体验和见解在虚拟或跨境项目中是难以获得的。

经济合作与发展组织教育研究与创新中心的报告，以"高等教育国际化与贸易：机遇与挑战"（OECD,2004）为题，开展了北美、欧洲和亚太地区学生、项目与机构跨境流动的案例研究，提出并分析了四个跨境教育的原因：相互了解、技术移植、创收及增强国力。尤其对输入国与输出国而言，这是另一个有助于审视跨境教育的角度。

（二）学生与机构／组织层面的原因

如上所述，从参与跨境课程／项目的学生视角以及涉及传输教育的机构或组织的视角分析原因并预测影响是十分重要的。表 3.5 从一些关键角度呈现了不同观点。

表 3.5　项目与机构流动的原因及影响的不同观点

原因及影响	选择输出国教育项目的学生	输入国的机构/提供者	输出国的机构/提供者
输出国不断增加的供给与需求	不离家便能获得国外学位的便利；可继续陪伴家人和保证工作	关注未被满足的高等教育与培训需求	与外国提供者竞争、合作或共存
成本/收入	在国内上课因省去旅途和住宿开销而更经济，国外优质大学的学费对大多数学生来说可能太高	具有较强的动机在跨境运作中创收，对输入国来讲，学费可能较高	差异取决于机构/提供者与外国提供者的关系是竞争还是合作
课程/项目选择	因劳动力市场高要求而抬高的课程/项目门槛	提供需要极少基础设施或投资的高需求课程	需要提供更为广泛的课程选择，这些课程的选修人数可能不会太多，也无法为学生提供大型的实验室和仪器设备
语言/文化和安全方面	可以选择外语或本地语言课程，处在熟悉的文化和语言环境下，9.11事件后的学生更关注安全和保卫	教学语言和课程之间的相关性是重要问题，如果使用外语，那么附加的学术和语言支持十分必要	

（续表）

原因及影响	选择输出国教育项目的学生	输入国的机构/提供者	输出国的机构/提供者
质量	可以接触到更高或更低质量的课程	根据传播模式不同，质量也许存在风险，保证课程的质量需要可观的投资	外国提供者的存在或许能成为课程和管理质量改善与革新的催化剂
资格认证	在学术和职业领域认可国外（学位）资格认证	获得学术奖励或在外国获得机构认证或许比较困难	已获认证的本国提供者有一定优势，并可以吸引外国提供者提供授予权
声誉和形象	由于大规模营销活动，国际形象常常被误认为等同于提供者/项目的质量	形象和透明度是高入学率和战略联盟的关键因素	国内提供者在甄别提供者的形象优劣与质量高低上面临挑战

来源：Knight,2007; 注释：a 高等教育输出国；b 高等教育输入国

七、高等教育中心和大学城

许多国家出于在知识经济时代立足的需要，争相确立第二代跨境教育战略——区域教育中心、自由经济区、教育城、知识村、教育门户和热点。这些活动除了包括熟悉的跨境策略，如分校和特许课程项目之外，还包含另一层面，即促进私营公司、研发企业及科技园一道落户外国校园，并支持和发展新知识产业。教育中心的大学分校通过吸引和提供教育的方式，为本地和其他地区

的技术型劳动力培养发挥重要作用（Mok,2008）。

迪拜、巴林、新加坡、博茨瓦纳和首尔等国家或地区均在报纸上报道了关于投资建立地区教育中心或教育城的信息，给我们以启发。高等教育在经济和政治中扮演着至关重要的角色，对于国家在知识经济时代和显著区域化的地缘政治趋势中占据领导地位，具有重大意义。当人们将高等教育视作一个国家经济与技术竞争的中流砥柱时，一个全新的时代已经到来。地区教育中心在伙伴关系、战略、财政和政策等方面的多样性表明，每个国家都需要建立一套与其国家/区域背景相匹配的教育模式。然而，它们的共同点是，都需要致力于服务知识经济的发展并培养技术型（熟练）劳动力。

教育中心的相关概念很多。事实上，每个国家都选择不同的概念来标榜他们的举措。目前使用的术语有教育热点、教育网络门户、教育中心、教育群体、自由经济区、全球校舍、世界城、知识村、国际学术城和大学城等，且名目仍在增加。通过对这一系列术语的分析显示，除了"高等教育自由经济区"之外，其他术语更倾向于去开拓市场经济商机，而不是去探索高等教育独有的经济或学术途径。实际上，术语应用的多样化会引发许多困惑。例如，"教育城"这个概念使用较多，但（不同的应用）却有着截然相反的内涵。巴林教育城是一个集娱乐和商业设施、实验室和住宅区为一体的建筑群（BEDB,2008）；而中国香港教育城是一个教师、学生、家长和社区的门户网站。"教育市场"这个概念还没有被明确使用，但它也许是对诸多教育中心模式最准确的描述。

世界上的两个地区——中东（阿拉伯联合酋长国、卡塔尔和巴林）和亚洲（新加坡、马来西亚和韩国）积极参与这些第二代跨境项目的事务，尽管方式各有千秋。值得注意的是，所有国家甚至一些小国都在尝试分享知识经济时代的福利。建立国际教育城和地区教育中心是教育发展的新领域。我们有必要认识到，投资新教育领域的并不总是教育部门。经济发展委员会、旅游主管部门、科学技术园和跨国投资公司都可能将高等教育机构/提供者视为这一领域的主要参与者和伙伴。在许多情况下，外国机构的分校与其他商业公司一样，是大型综合集团中的一员。与私企合作的大学在培养未来知识人才与新知识创造过程中扮演着关键角色。

中心模式也是被其他行业采用的一种方法。事实上，把教育中心（包含教育的传送、改革、教学、健康、财政、贸易、时尚等）视为当前高等教育发展的主流并不为过，这对于高等教育的可持续发展意义重大。尽管这些新进展的成果和可持续性还有待商榷，分析其动机和内涵仍然十分重要，尤其是关于教育质量和资格认证的问题。

八、教育中心成因和预期的多样性

首先问两个问题："什么驱动了新的第二代跨境计划？谁会从中受益？"这取决于一个国家政体以及投资实体多样化的出发点和预期收益。例如阿联酋的国际投资公司在发展目标与预期上，与卡塔尔基金会的社会／文化／教育非营利性机构完全不同。

然而，为知识经济时代培养岗位适用的熟练劳动力的需求是所有改革共同的动机，这一点尤其适用于自然资源有限或制造业薄弱的国家，如新加坡。跨境教育在教育收益、广泛的课程体系以及进入国外教育领域等方面的好处常常被提到，但通常不及其在经济和人力资本领域的优势。传统国际化带来的收益如教师与学生国际知识的发展、跨文化技能及素质的提高却鲜被提及。总的来说，被引用的经济、移民和就业方面的原因远远多于社会、文化和教育方面的。这是时代的特征也是一种发人深省的趋势（Knight, 2006a）。

表3.6呈现了三个不同利益相关群体——学生、外国机构／提供者和东道国政府或投资者建立教育中心／教育城——的动机和预期。从中可明显看出相同与差异的部分。主要共同点在于增加更多的技术型劳动者和创造更多的就业机会。

表 3.6　不同利益群体的动机和预期

利益相关群体	动机和预期
学生（本地的和国际的）	接受高等教育与继续教育的机会 外国学术证书 国内不提供的专业课程 就业与职业生涯 国际视野
外国机构和提供者	地位建设与提高竞争力 创收 与私人或公共团体的新研究合作关系 为学校招收教职员工和学生 致力于在东道国提高影响力
东道主政府与投资者	培养和聘用技术型劳动力 支持知识型产业 吸引外国直接投资 建立地缘政治地位和形成地区软实力 国内高等教育现代化

来源：Knight,2009

许多国家在吸引世界级机构进驻地区中心或自由区的方面遇到很多困难。经济激励、两国领导人之间的高端外交谈判或秘密协议，都影响着吸引外国机构和教育提供者的决策。品牌效应与大学世界排名是当前的趋势（有时被称为困扰），都驱动和影响着新教育中心和教育城的发展。事实上，吸引一两所英美名牌高校做靠山正成为先决条件，也是新兴的普遍现象，这些做法在20年前是根本不敢想象的。

尽管排名备受质疑，但世界级大学仍受到很多人的青睐。国家、地区、国际和学科／专业排名使不同类型的大学被杂志社、报社、大学或私营公司这些排名机构视为名牌。可靠的排名系统相比其他更受重视，但对方法论的批判、语言与学科的偏见及评价方的主观兴趣，使排名的有效性和可靠性存在风险。尽管这些排名游戏存在偏见，教育中心拥有者和推动者努力引进世界级学术机构的做法仍在继续。

九、问题与挑战

（一）人才流失与引进

学者、专家、教师和教授跨境流动数量的增加，一部分原因是知识经济时代人力资本竞争的加剧。教育人员从一个国家流向另一个国家，同时也被相对于教育行业待遇更加优厚的企业所吸引。这种流动对高等教育影响的孰优孰劣，取决于一个国家是否存在人才净流失或净引进。这不仅对教育政策意义重大，也涉及移民、科技、贸易、就业和国际关系。正如对教育中心的分析一样，国外学生的招生／流动与国家或地区对技术型劳动力的移民需求也有着直接联系。因此，一国所制定的国际教育、移民、国家建设和人力资源建设政策之间的复杂性及日益增长的动态关联性，是值得我们认真研究的领域。

（二）服务贸易总协定与高等教育

服务贸易总协定（GATS）对世界范围内的高等教育管理者都

有警醒的作用。高等教育历来被视为公共产品或社会义务，但随着新国际贸易协定的出现，高等教育已变身为可交易商品，更准确地说，即服务贸易协定里的国际流通服务。服务贸易总协定往往被视为国家间商业性高等教育持续增长的催化剂。诸多教育研究者认为，贸易服务总协定应对高等教育新发展负责。然而另一些人则指出，国家与国际层面的营利性教育的增长实际上使教育成为涉及数十亿美元的业务，从而纳入贸易总协定范畴，而且他们认为反过来理解也是成立的（Knight，2006a）。学术流动（学生、课程、提供者）被许多人看作大型商务活动，并预期将随着教育持续和优化升级的需求而成倍增长。很多人认为贸易总协定带来新的机遇和利益，另一些人则认为它将带来风险。因此，当国际学术流动并不罕见，而国际贸易法律规定是新鲜事物时，将会导致高等教育领域内的激烈争论。

（三）学生入学机会增加

人口结构的变化、终身学习、由知识经济引发的不断变化的人力资源需求，以及越来越多的中学毕业生，均导致未被满足的中学后教育与培训的需求增长。跨境教育能否帮助国家满足这种增长的继续教育需求，很多人的回答是肯定的，他们也在不断促进为学生增加入学机会的各种形式跨境教育的发展。但是关于机会公平的问题一直存在，及跨境教育只面向有支付能力或有必要语言技能——通常是英语的人。我们没有国内与国际跨境教育学生参与率的准确数据，只有少数国家或地区如澳大利亚、中国香港、英国、新加坡和马来西亚收集了跨境教育课程入学人数的可靠数据。这是一个需要国内与国际进一步关注的问题，因为缺乏可靠的数据，出台相关政策与制定管理框架将是一个挑战。

（四）跨境教育质量保障

必须指出的是，在过去十年中，人们越来越重视机构和国家各个层次的质量认证，新的区域质量认证网络也已建立。这些机构的首要任务就是对国内公立与私立高等教育机构提供的教育服务进行质量认证。然而，因跨境教育带来学术机构与私立高等教育机构数量的增加，给质量保障提出了新的挑战。从历史上来说，除了一些个别情况，国家质量监管机构一般都不注重对进出口教育项目进行质量评估。教育部门目前面临的问题是如何开展由传统高等教育机构和新型私立商业机构实施的不断增长的跨境教育（质量保障工作），（它们）通常不是国家基础质量保障计划的一部分（Knight,2006b）。

教育部门除了关注传统教育，可能有兴趣建立一套针对跨境教育国际质量认证的标准和程序。这种认证非常适用于那些由投资公司或经济委员会拥有和经营的教育中心。国际标准化组织（ISO）和其他行业机制，如鲍德里奇奖项就是质量系统的实例，可被跨境教育应用或效仿。教育界对由外部建立的教育质量标准的适用性看法不一。与此同时,人们对任何质量保障的国际标准的可取性和价值所持意见也不尽相同。因为这可能危及国家层面上的主权,或仅仅有助于实现标准化而不利于质量的提升。

必须承认的是,通过学术交流或合作等非营利性活动,大量学生、教师和项目的跨境流动正在发生。因此,教育服务的商业贸易行为并不是推动解决国际质量认证紧迫性的唯一要素。需要澄清的是,服务贸易总协定和任何双边贸易协定并未声称要建立教育质量认证规则,但它们是使当前问题受到迫切关注的重要推动者(Neilson,2004)。

(五)认证的新发展

越来越多的人意识到了高等教育质量保障与认证的必要性,进而促进了相关领域的发展,这对于国内外高等教育质量保障工作的开展起到了推进作用,但也有一些错误的认识阻碍了质量保障工作的推进并使得这项工作变得更为复杂。首先,我们要认可很多国家在建立质量保障标准与程序,以及获得合法认证过程中所付出的努力。同时,我们也要看到,那些自诩合规实则贪婪自利的认证机构,以及那些只出售伪造认证材料的认证工厂的数量都在增多。

市场的力量使一所高等教育机构及其所提供的课程的印象与

声誉变得越来越重要。在营销和品牌宣传活动上做出的重大投资，便是为了获得更高知名度和更大的招生数量。获得某些认证是这项市场投资活动的一部分，同时这可以向未来的学生保证课程与文凭的含金量。对认证的迫切需求导致了质量保障与认证工作的商业化，一些高校和专业课程竭力获取更高的认证星级以提高其竞争力和国际合法性。目前我们所遇到的困难是，如何区分合法与非法认证机构，尤其是在高等教育机构和认证机构都不在本国境内，而且还需要被认证成为本国高等教育系统组成部分的情况下，这种区分就比较困难。

与此同时，也有一些自我标榜的机构和新型组织在从事成员认证的工作。从努力提升学术研究质量的角度讲，这些工作确实存在积极的意义。然而，令人担忧的是，他们在评估上并不一定完全客观，比起提高质量他们或许更在意创收。尽管国内认证与跨境教育认证都存在这个问题，但跨境教育认证最容易忽视国家政策目标与课程导向，这个问题令人担忧。

认证工厂的数量增长同样堪忧。这些组织未获认可或根本就是非法机构，在没有任何独立评估资质的前提下不同程度地出售认证，像文凭工厂一样，在提供很少或不提供任何课程的情况下出售文凭证书和学位。不同的教育利益相关者，尤其是学生、雇主和公众必须认清这些认证（学位）工厂，它们通常只是个网址，因此逃避了国家监管系统的管辖（UNESCO/OECD, 2005）。

（六）资格认证

学术的不断流动，使证书认证问题在国际教育政策中更加突出。高等教育课程与证书的可信度，对学生、雇主、广大民众，以及学术团体都是举足轻重的。关键是由跨境教育提供商颁发的证书是合法的，并能在国内外就业与学习深造的过程中得到认可，这是最重要的。

（七）课程相关性

人们对跨境教育在提供录制课程、统一课程或无关紧要的课程等方面，保持了持久的关注。分校和特许经营课程一直面临的挑战是其对主办国文化和司法条款的适用性问题，同时它们还要保持与国内机构所提供教育质量的对等性。跨境教育引出了一个问题：如何使课程和教学方法迎合拥有多样文化、语言和教育背景差异的学生。

（八）师资与支持

简单来讲，分校或特许经营课程的教师聘任条件取决于证书颁发机构或教育输入国官方的相关规定。国际项目的教师在就业、支持服务、文化素养及任职资格等方面，都存在着巨大的政策空白。某些情况下，分校所提供的所有课程都是由外籍教师来上的。有时，具有海外视野的本地教师或其他国家的教师也可以授课。然而，聘用一些不了解本国文化或缺乏敬业精神的教师，将会引发一系列其他问题。学者老龄化是存在于许多国家跨境教育项目中的普遍现象，但如果能够说服他们从事分校教学管理工作，这或许会是个优势。但教育那些来自不同国家且对高等教育持有不同期望和理念的学生，将是一项不可低估的挑战。招募有资质和敬业精神的教师在分校讲授课程，以及进一步明确这些教师的聘用条件等方面需加强重视。

十、结语

本章的目的是要分析跨境教育所涉及的领域和具体实践。有充分的证据证明，未来 20 年的高等教育需求将超出一些国家教育系统内部的供给能力。事实上，在世界许多地区已出现教育供不应求的问题。学生出国求学将继续作为高等教育国际化的重要部分。但是学生流动仍不能满足那些人口密集国家试图实现在知识经济时代下建设人力强国的巨大渴求，这促进了跨境教育项目与提供商的发展。

项目与机构流动的趋势、问题和新发展，体现了多样性的教育供给方式，新的教育传播模式，一种公共与私人、本地与外国的创新合作形式，以及教育枢纽的新类型。设计和传授新的课程和项目，授予新的资格与证书，皆为对地方条件和全球挑战的回应。

第三章
高等教育项目和机构的跨境流动

跨境教育在数量、范围和规格上提供了更多的机会，并促进了高等教育的创新和影响的扩大。但这种变化也带来新的挑战和意想不到的后果：（1）未经授权的和非法的跨境提供商仍在活跃；（2）许多新的跨境教育条款受到商业利润和收益的驱使；（3）学术课程/项目的资格认证和质量保障机制在许多国家仍不完善，这些现状是教育部门面临的主要挑战。我们必须承认跨境教育的巨大潜力，但不能以牺牲学术质量和资质的真实性为代价。

本章多次使用诸如多样性、创新性、复杂性、机遇和挑战这样的词语来描述跨境教育的发展过程。国际化从广泛意义上来说，意味着将国家间、跨文化、全球化视野与高等教育目标融合到一起，并使其融入教学、研究、服务/推广等这些主要职能之中；是将国内外的教育进行全面整合的过程。学术合作、教育交流、商业参与等皆是国际化的组成部分，促进了学生、项目、机构和理念的跨境流动。教育部门的工作并不单单是在探索引导、监督和管理项目与机构跨境流动，还需要加强与其他部门的密切合作，在确保跨境教育能够反映并有助于满足各个国家教育目标、文化、权益和政策上扮演重要角色。

参考文献

[1] Altbach P G, J Knight. The Internationalization of Higher Education: Motivations and Realities[J]. Journal of Studies in International Education, 2007, 11(3-4):290-305.

[2] Bahrain Economic Development Board. Education and Training[R]. Manamah: BEDB, 2008.

[3] Bohm A, D Davis, D Meares, D Pearce. The Global Student Mobility 2025 Report: Forecasts of the Global Demand for International Education[R]. Canberra, Australia: IDP, 2002.

[4] Committee of Vice-Chancellors and Principals. The Business of Borderless Education: UK Perspectives[R]. London: CVCP, 2000.

[5] De Wit H. Internationalization of Higher Education in the United States of America and Europe: A Historical, Comparative, and Conceptual Analysis[M]. Westport: Greenwood Press, 2002.

[6] Garrett R. Fraudulent, sub-standard, ambiguous: The alterative border-less higher education[M]. London: Observatory on Borderless Higher Education, 2005.

[7] Knight J. Internationalization Remodelled: Rationales, Strategies and Approaches[J]. Studies in International Education, 2004, 8(1):5-31.

[8] Knight J. Cross-border Education: An Analytical Framework for

Program and Provider Mobility[C]//Higher Education: Handbook of Theory and Practice. Dordrecht: Springer, 2005,345-96.

[9] Knight J. Higher Education Crossing Borders: A Guide to the Implications of GATS for Gross-border Education[M]. Pairs: Commonwealth of Learning and UNESCO,2006.

[10] Knight J. Cross-Border Higher Education: Issues and Implications for Quality Assurance and Accreditation[C]// Higher Education in the world 2007-Accreditation for Quality Assurance: What is at Stake. Barcelona: Global University Network for Innovation,2006.

[11] Knight J. Cross-Border Tertiary Education: An Introduction[C]// Cross-border Tertiary Education: A Way Towards Capacity Development. Paris: OECD, World Bank and NUFFIC, 2007, 21-46.

[12] Knight J. Higher Education in Turmoil: The Changing World of Internationalization[M]. Rotterdam: Sense Publishers,2008.

[13] Knight J. Quality Dilemmas with Regional Education Hubs and Cities[C].//Addressing Critical Issues on Quality Assurance and University Rankings in Higher Education in the Asia Pacific. Pulau Pinang, Malaysia: Penerbit Universiti Sains Malaysia,2009.

[14] Knight J, H de Wit . Internationalization of Higher Education in Asia Pacific Countries[R]. Amsterdam: European Association for

Education (EAIE),1997.

[15] Larsen K, K Momii, S Vincent-Lancrin. Cross-border Higher Education: An Analysis of Current Trends, Policy Strategies, and Future Scenarios[R]. London: Observatory on Borderless Higher Education,2004.

[16] Mok K H. Singapore's Global Education Hub Ambitions: University Governance Change and Transnational Higher Education[J]. International Journal of Education Management,2008,22(6):527-46.

[17] Ministry of Trade and Industry of Singapore Government. Growing our Economy[R]. Singapore City:MTI,2004.

[18] Neilson J. Quality and Recognition in Higher Education: The Cross-border Challenge[M]. Pairs: OECD,2004.

[19] OECD. Internationalization and Trade in Higher Education: Opportunities and Challenges[R]. Pairs: Centre for Education Research and Innovation, OECD,2004.

[20] UNESCO/OECD. Guidelines for Quality Provision in Cross-border Higher Education[R]. Pairs:UNESCO and OECD,2005.

[21] Verbik L, C Merlry. The International Branch Campus : Models and Trades[R]. London: OBHE,2006.

第四章
国际合作研究

伊丽莎白·D.卡帕尔蒂

伊丽莎白·D.卡帕尔蒂,亚利桑那州立大学常务副校长兼教务长。卡帕尔蒂博士管理所有校区并负责促进教学、科研、服务社会方面卓越发展的学术计划。她引领着大学追求教育卓越发展的方向;为实现美国新大学的愿景,她在制定学术使命的战略设计中发挥了重要的指导作用。在就职于亚利桑那州立大学之前,卡帕尔蒂博士曾担任纽约州立大学副校长兼办公室主任,其职责主要是制订协调纽约州立大学64个校区副校长之间活动的战略计划,并发挥政府与校区之间的联络人作用。她还先后在佛罗里达大学和纽约州立大学布法罗校区担任教务长及心理学教授职务。卡帕尔蒂于1965年在罗切斯特大学获得学士学位,1969年在得克萨斯大学奥斯汀分校获得实验心理学博士学位。她已经公开发表合作论文65篇,合著一本心理学导论教材3个版本,参编饮食心理学著作2部。她还曾任美国心理协会、美国心理学会及美国科学发展协会会长一职。

所有的合作研究都是复杂的，其中涉及调查员、知识产权、融资、动物与人权、设施、设备和人员等诸多信用问题。这些问题存在于包括美国在内的所有国家的合作研究之中。当这种研究需要跨境合作时，复杂性更加凸显。然而随着国际合作研究的不断增加，这种情况就可能持续下去。我们在此讨论国际合作研究的目的是预测其增长趋势，然后总结合作过程中遇到的复杂难题，以便参与其中的人们能更加谨慎，并从别人的经验中受益。

一、国际合作研究不断增长的原因

（一）全球问题的解决需要国际合作

科学技术可以解决全球问题，但通常需要借助国际合作的途径。我们都知道，全球变暖、传染性疾病、网络安全和恐怖主义等没有边界，所有问题（大部分问题）只有通过合作才能得以解决。这种类型研究的经费来自政府、基金会和全球性组织的资助。例如，亚利桑那州立大学（Arizona State University）依靠爱尔兰政府、罗斯柴尔德学院（Rothschild Institute）、美国国际开发署（USAID）和美国司法研究所(US Institute for Justice)提供的资金来开展项目，去研究如何化解社会冲突和世界范围内重大难题及相关问题。由美国国家科学基金会（National Science Foundation）和美国国际开发署支持的大学联合研究项目，致力于消除饥饿和疾病、生态系统评估和以科学为基础的创业项目来帮助改善世界上那些贫穷人们的生活。时至今日，发展过程中遇到的挑战常常在全球范围内有着显著联系，包括治理特大自然灾害和减缓像艾滋病这样的传染病对健康造成的广泛危害，所有的这些挑战都需要全世界范围内科学界的共同努力。

（二）科学研究需要国际合作

天文学的开展就必须要求天文望远镜放置在地球最适当的地方，因此，天文学家不可能仅仅待在他们自己的国家工作，而需要与望远镜放置地的国家进行合作。欧洲国家如瑞典和其他一些国家，往往保存有很好的天文学研究纪录，人口学家也可以到此使用数据库去了解人类基因演进过程。科学家围绕地理、环境、人类和生态的诸多问题，想要开展全球范围或者某一具体地区的研究，获得专门设备并与当地合作是非常重要的。与美国相比，一些国家更容易接受例如干细胞这类的研究，或者放宽对这类研究的管控，使那些在美国不获批准的研究得以顺利开展。

研究设备的预算很高，往往需要整合多个而不是一个国家的资源。当今的科学研究需要很高的预算投入，并且其中很多研究得以开展的前提是全世界范围内的成果共享。大约占了世界粒子物理学家一半、代表约580所大学和85个国家的8000多名科学家,已经去往卢塞恩(Lucerne)从事对撞机的研究。我们比以往任何时候都更加明白,有一些重大的科学问题需要我们共享大型设施。

IceCube中微子观测站(IceCube Neutrino ObserVatory)——世界上第一个高能中微子观测站,提供了一个强有力的跨国和跨机构进行合作研究的例子。难以检测的中微子是携带宇宙起源信息的天文信使。目前正在紧邻智利圣佩德罗-德阿塔卡马(San Pedro de Atacama)建设的阿塔卡马大型毫米波天线阵(The Atacama Large Millimeter Array, ALMA),将是世界上最敏感的高解析度毫米波望远镜。该阵列将能够搜索到地球附近数以百计的恒星,并开展恒星的起源研究、星系形成和宇宙演变的试验研究。ALMA的研究,只有通过北美、欧洲、东亚与智利的合作才能实现。

(三)全球科研能力的提升

全球范围内科研能力的显著提升,导致国际合作研究机会的日益增加。某些国家有意识地大规模增加了研发投入,并将其作为一项具体的发展战略。正如我们所知的,中国政府为建设世界一流大学做出了巨大努力。同时,中国政府也为大学提供大量资金,使大学发挥出巨大的潜能,进而促进经济的增长。例如,在项目的首轮，三亚和石家庄分别获得国家高达 2.25 亿美元科研经费的资助。其他国家也在筹划积极发展高等教育并不断扩大科研规模。新加坡便是一个典型的例子。新加坡以多种投资方式不断积累储备，以便当他们与亚洲邻近国家激烈竞争时，可以为未来提供一个好的保障。所以，十年前新加坡通过发展世界一流高等教育来着手打造"东方的波士顿"，新加坡对于生物医药领域的投资令人印象深刻。与此类似，欧盟通过里斯本协议（Lisbon）增加了其在科研项目上的投资，到 2010 年投资额占欧盟 GDP 的 3%，从而不断提高其在欧盟的竞争地位。

据来自美国国家科学院出版社（National Academies Press）2008 年的报告指出，在 2003 年这一年中，约 37% 的《科学》、55% 的《生物化学杂志》及 71% 的《美国物理学会杂志》投稿人，都来自美国以外的科学家。据经济合作与发展组织（OECD）报道，美国在国内生产总值用于非国防研究贡献上排第二十二名。

世界范围内，研发被看作是各个国家之间竞争的秘密武器。研发除了是经济增长的一个驱动力之外，还会影响到大学的国际排名。很明显，增加科研投资是提高学校排名的一个良方。通过科研投资影响美国大学排名的基本规律是，投资越多，大学排名的相对位置越靠前。美国科学委员会（The National Science Board）2008 年的《核心科学与工程指标》（Key Science and Engineering Indicators）摘要中显示，美国过去20年中对科研经费的支出领先于世界其他国家，并且不断稳定增长。在国内生产总值用于科研投资的份额中，美国在 G7 国家中排名第二。全球不断扩大的科研规模，创造了越来越多跨国合作研究潜力，从而扩大整个世界的潜力。

（四）国际化公司的重要角色

随着越来越跨国化或国际化，公司企业在国家间的科研合作过程中扮演着重要的角色。大公司基本都是国际性的，并且他们资助及参与科研项目都基于国际化视角。公司往往坐落在所需人才的聚集地。中国擅长为缺少国际合作能力的公司提供机会，日本擅长制造大型设备，印度编程人才济济，使得微软定址于此。随着越来越多的科学研究以增加经济竞争力为目的，公司投资变得越来越重要，并且这种投资变成了一项国际融资业务。总而言之，当今科研不仅是一项竞争性的商务活动，也代表着一种国际竞争力。

二、政策对国际化合作研究的促进作用

（一）政府的角色

科学（思想）始于欧洲并且从一开始就是国际化的。哥白尼、伽利略、牛顿和达尔文便是我们熟知的国际知名人士。（学者）对知识和全世界科学贡献的永恒追求，把科学技术合作置于国际

关系的最前端。随着国际关系的变化,独立研究人员的生活方式也在不断变化。自从 1776 年本杰明·富兰克林这位伟大的科学家和发言人在巴黎以全权公使的身份上任开始,美国科研合作的核心规则便很少改变。正如美国国家科学基金会(NSF)主任阿登·班纳特(Arden Bennet)所指出的那样,人们一直坚信"科研合作和交流是未来美国取得进步和增强国际声望不可缺少的组成部分"。

并非只有美国意识到在国际科学和技术交流中维持渠道畅通的内在价值。纵观 18 世纪末和 19 世纪初,国际上的战争和冲突并没有阻断国际科研活动。海军指挥官给予伟大的探险家安全通行的途径,这使得英国科学家在法国大革命期间得以在巴黎公开演讲。我们的祖先早就认识到了科学技术在国家发展中的重要作用,并且认为科学技术应用能力的强弱将决定各个国家在国际舞台上的地位。布什·维恩尔(Vannever Bush)博士在其 1945 年的报告中高度强调,国际科研对美国来说至关重要,这在后来促使了美国国家科学基金会的成立。几乎在同一时间,联合国成立的教育、科学及文化组织(UNESCO),试图通过教育、科学和文化方面的国际合作来促进国际安全与和平。现如今,联合国已经成立了一大批世界范围内的技术合作机构(世界卫生组织、世界气象组织等等)。

当今，几乎每一个重要的多边政治论坛（八国集团、经合组织、北约、亚太经合组织、美洲国家组织）都有科学领域的合作，也产生了许多科学技术方面的政府多边合作协议。最先迈出一步的便是1961年美国总统约翰·肯尼迪设立的美/日科研合作项目。最初的协议是由美国国家科学基金会管理，后来的协议纷至沓来，以至于1975年美国已签署28个协议，其中14个是由美国国家科学基金会管理的。

在签署美/日正式合作协议之前，科学界并没有看到签订合作研究协议与畅通外交渠道之间的意义。美国科学界多次对外倡议国际化的大门应该永远敞开。此外，以系统性和创新性为宗旨的科学界，认为想要制定统一格式的协议是不可知且保守的做法。另外，科学家们往往将自己仅仅定位为专家学者，没有看到在国际科研合作协议保护伞之下的合作研究有什么内在价值。最后，国与国之间在谋求共同利益和保护竞争成果中一直保持着紧张的状态，无论是科学家还是非科学界人士都表示很在意技术上优势的丧失。

然而，这些协议收效甚微。美国在冷战期间实施了意义重大的科学专家交换举措，确保了与中国的信息交流，促进了新兴国家技术的发展，打开了与其他国家在知识产权保护上的对话，确保了在具有争议的医疗（卫生）领域制定决策的科学性。知识产权上的对话仍在继续，缺乏有效沟通方式阻碍了很多大学与海外的合作。

信息跨国界快速流动，可能意味着弱化建立科学和技术合作机制的必要性。然而，在许多情况下各国政府必然会涉及其中。政府在资金支持方面发挥着重要作用，许多国家的政府在大学发展和科研规模上的干预已超过美国。为了满足国家需求，政府对高等教育规模和发展方向实施高度集权管理。在一些国家，政府常常决定哪些研究合作是可行的，最重要的是至少能保证已规划的合作研究是合法的，否则将不被合作国政府所认可。

（二）学院领导的必要性

通常大学与国际机构或合作组织签署的合作协议，没有实质内容，仅仅是一个形式，并且在很多情况下是没有危害性的。这些协议往往会涉及如校长、市长和社区管理者等这些对协议有所预期的领导者，但是大学自身的制度更具影响性。通常在管理层面上，大学不真正拥有签订合作协议的决定权。学术层必须有一定的领导权，他们要对这些协议中规定的义务进行仔细审查，以明确学术参与、投资参与和教师参与等各自的义务。如果当地学校教师不愿意和没有能力去参与合作协议的工作，这个合作是不可能成功的。在学院领导下达成的合作更有可能获得成功。相比而言，没有教师和专家参与的活动可能一事无成。高层管理者可能欣然地签订一份协议，但是学院院长和系主任才是关键的管理者，他们知道哪儿需要互补合作，国外哪些研究机构水平高。如果教师对合作研究不感兴趣，或者没有资金资助他们，或者偏离了学校的核心研究领域，或者缩短了研究生攻读学位的时间，那么这些合作协议必定是行不通的。

（三）法律与监管问题

我们常常忽视法律问题，其他国家的法律显然不同于美国，而且这些法律影响着什么研究可以做和怎样做的问题。我们并不反对细胞研究，但是欧洲并不这样。硅谷基因工程主导的生物工程技术在欧洲是被反对的，但在美国却受到支持。很多国家的法律体系非常不同甚至很少有相似的地方，我们总是会问，什么样的合作可以做？在哪做？一个国家的法律体系是什么样的？是否有监管体制？法律体系与监管体制具有独立性还是偏袒本国公民？法律应该怎样实现监督？例如，在墨西哥，亚利桑那州立大学（ASU）最终建立一个独立的公司，以便帮助研究人员在当地银行存钱和租车。

同样，美国也制定了影响其他国家科学研究的法律。出口管理条例（EAR）和双边条例都是为商业用途而设计的，但是将来也可用于军事领域。商业控制清单根据类型列出项目（无论该项目是否用于防御），以及出口管制（有些项目在某些情况下受到

第四章
国际合作研究

限制）和目的地国（某些国家什么东西都不让带，而对其他一些国家来说并不如此严格）。若违反本条例规定或者触犯刑法，将处以 5 万美元至 100 万美元或出口总值五倍的罚金，处罚标准就高不就低，此外附加十年有期徒刑；若触犯民事法，则其出口特权被撤销并处 1 万美元至 12 万美元的罚款。例如，得州理工（Texas Tech）大学的一名教师，由于进行欺诈性索赔和擅自出口鼠疫细菌而受到两年的牢狱之灾；形成鲜明对比的一个例子是 ITT 公司由于无牌照经营出口夜视材料被处以罚款 1 亿美元。

外国资产管理处负责管理和行使对某些特定国家的经济和贸易制裁。任何形式的商业活动都不能与这个名单上的人或集团合作。这些规定和管制条例结合起来可能相当复杂。然而，基础研究却被排除在外（即基础和应用研究成果只能在科学界内出版和共享），可以看出条例具有其微妙之处。举一个假设的例子，美国国家科学基金会的资助可能涉及在中东地区安装低技术的 GPS 设备。一个美国人和一个国际合作研究机构提供技术支持、培训和运行设备所需要的软件程序和装置。禁运国家名单中所涉及的一个国家合作研究人员每隔几个月访问该网站来检查设备，该软件程序已经为高等教育机构、非营利性和外国政府运行好多年了，并且得到受限制的网站（是用来确保商业集团没有访问网址权利，且不能通过使用来获取商业利益）的允许。这个项目需要从国务

113

院获得一份设备许可证以及培训外籍人员的技术援助协议。由于限制对该软件的使用，基础研究豁免权将不适用。

可以看出，在这些问题上教师也是束手无策的。这些条例冗长、复杂并且很难解释，应用起来可比发起研究时困难得多。大学为触犯这些条例的违法行为负一定责任，因此大学有责任提供合适的培训和建议。

监管环境同样也很重要。在美国，生物医疗设备公司在他们自己的国外研究开发中心进行研发工作和最初的用户实验，是为了应对美国严格的管制条例以及规避触犯美国法律的高风险。此外，某些国家支持外国公司来做研究，目的是进入对方市场或者达成知识产权协议。

（四）国际研究与经济发展

政府和这些组织支持合作研究的一个原因是期望获得创新以及寻求经济的发展。不同的国家促成合作的方式是不同的。生物技术产业的早期发展是以新公司为特点的，其中有许多学术附属机构，通常由学者与风险资本支持的职业经理人一起联合工作。在美国大学的规定中，允许学者参与商业研究在这一进程中发挥了关键作用（Hatakenaka,2008）。

美国大学，尤其是"赠地大学"和其他州立大学，有一个传统，就是服务于社会的实际需要，州立政府希望投资大学可以促进本地经济的发展。此外，美国政府在战后投入的科研经费是巨大的，并且是以"使命"为导向的，常常来源于像是国防、卫生和能源这些有应用效益的关键部门。美国国防高级研究计划局（DARPA）在资助以应用为导向基础研究方面发挥的作用是不可估量的，以至于美国国家科学院建议在能源开发方面设立一个类似于"DARPA"的机构。（NAS,2005）

中国台湾地区公共研究机构在20世纪70年代策划了第一次与RCA重大技术转移协议的签订，并随后研发了一项集成电路网制造技术并建立了分公司来普及专有技术知识。同样，中国台湾在合作研究中获益匪浅。赴美学习的人带回去的关于美国硅谷的信息，促使新竹科技园建立（ERSO的搬迁地）。

部分中国大学有自己的附属公司（Eun et al.2006），其中最成功的三家民营电脑公司：联想、方正和同方，它们分别是由中国科学院、北京大学和清华大学创造的企业。在中国内地和香港地区的股市中，大约有40家大学企业已经上市。自20世纪60年代，就有隶属于中国高校培养学生技能的机构。在20世纪80年代初，汽车的使用表明了大学的知识商业化进程。在中国，政府提供的研究经费有限，因此大学有提升自身收入的强烈动机。

中美之间在知识产权文化与自由贸易等领域中存在诸多差异。美国境内的合作研究中，知识产权是最棘手的问题，特别是大学与企业之间。在与中国大学和其他国际机构的合作时有着同样的难题。基础研究对于直接生产很有用，但总是存在被用于商业化的可能。所以，或者接受缺乏管控的事实，或者积极谋求签订协议。麻省理工学院会见了欧盟科技计划的领导人，双方由于知识产权问题未达成协议。美国国家科学基金会也许在促进签订一份共同的国际协议中起着重要作用。同时，拥有广泛认可度的世贸组织和其他国际组织在解决关于知识产权方面的争议会起到很大作用。

拜杜法案（Bayh-Dole Act）显示出美国的兴趣在于确保科学促进经济发展。在这一理念下，大学接受联邦资助从而有义务把科学研究转化成商业应用。但是，其他国家更加乐于进行应用研究并且使其快速产出效益。很多的长期基础科学研究并没有得到很好的支持。美国联邦政府资助了60%以上的高校科研，并且其中绝大多数资金用于基础研究，播下了未来科学发现的种子。美国大学75%的研究是基础研究，相比而言，高科技产业领域只占了4%。

跨国公司在全球范围内的科研投资非常广泛，因此，它们在国际研究和其他研究合作中扮演着主角并发挥着重要作用。中国政府一直希望国际组织投资于中国科技研发领域，并使价格符合中国广阔的市场。此外，跨国公司为赢得中国政府批准而进行的竞争也促使美国科技研发规模的扩大。跨国公司的真正需求是重

第四章
国际合作研究

新占领产品市场,而且他们投资的很多研究也都是基于这个目的。

同样,跨国公司也资助大型的研究项目。最近,英国石油公司(BP)发起了一个资助伊利诺伊州立大学伯克利分校(Berkeley)和劳伦斯利弗莫尔实验室(Lawrence Livermore Laboratory)关于生物燃料的5亿美元项目。大型企业往往致力于大型多学科交叉的项目来解决具体问题。同样,也有很多科研项目是因为公司追求创新和研发新产品从而得到资助,通常这些类型的项目并不需要国际合作。

根据 Dalton et al.(1999)记载,截至1997年在美国建立了700多个国外研发中心,大量集中在如硅谷、大洛杉矶区、底特律、普林斯顿、三角科技园和波士顿等区域。投资所频繁采用的理由是资助母公司并为了满足美国顾客的需求,为了保持美国在科技发展中的领先地位,为了雇用美国科学家和工程师,以及为了与美国其他的科研实验室合作。同时,海外也有大量的美国科研机构,所以美国公司可以更好地使产品进入当地市场,并且充分利用当地专家和工人的经验。然后,美国研究人员就可以待在国内开展国际合作。当我在纽约最好的生物信息中心工作时,我们的国外合作伙伴就在纽约拥有研发中心。我们与安玛西亚(Amersham)和法玛西亚公司(Pharmacia)有合作关系,他们寻求最新式药物的研发进展和个性化药物,这个也是我们中心的研究主题。

117

这些类型的合作涉及许多不同层次的研究机构和不同类型的投资者，大项目一般与大型研究型大学合作，大学得到了超过4亿美元的联邦研究经费。在美国，拥有超过4千万美元联邦资金资助的机构就有150多所[1]，其中41所机构拥有1亿美元到2亿美元的联邦研究经费，27所机构拥有2亿到4亿美元的联邦研究经费，15所机构拥有超过4亿美元的联邦年度研究经费，这些研究型大学可以参与重大科研项目，但在美国还有659所机构只拥有最基本的联邦研究经费，它们中的任何一个都可以以某种方式与其他机构进行合作。

我们的确都需要合作伙伴。我们没有精力去做所有的事情，如果我们不考虑别的，仅就大型项目而言，就有很多机构共同参与的机会。实际上，促进经济的发展，就像我们期望的科研成果一样，都需要我们共同参与。大型研究型大学和其他顶尖大学可以做基础性研究，解决大量多学科复杂性问题和一些小项目。但是，要解决基础研究与市场需要的创新型新产品研发之间的割裂问题，我们还需要进行应用和产品开发研究，后者则经常需要与企业进行合作。就如多科技术大学（Polytechnic University Sector）在芬兰所扮演的角色一样，如果我们有国际合作关系的话，这项工作也可以由美国的研究机构来完成。纽约州立大学技术部、亚

---

[1] 见大学绩效中心报告（Capaldi et al.）美国顶尖大学：2008年年度报告

利桑那州立大学（Arizona State University）的理工学院（Polytechnic Campus）和其他类似的机构一样可以扮演这个角色。

三、美国自身优势

美国与其他国家一个最大的不同点，便是大学中教育和科研之间联系得非常紧密。许多国家致力于研究，却没有美国这样将研究和博士后培养系统紧密联系的研究生教育体系。最重要的是，我们的研究生教育体系是广泛的，并且在大多数的高等教育研究机构中与期望做学术的教师有着紧密联系。其他国家的本科专业起步较早，而且大多重视科学和工程领域，往往比美国的课程更加注重技术。在美国，我们也需要人文、艺术与社会科学，也希望毕业后能够获得领导才能、服务意识和沟通技巧。在世界其他国家，本科教育相对局限于狭窄的专业领域并且缺乏动手能力培养。但是，现在大多数人都同意这样说：谁具有创新性，谁就能从事跨学科研究；谁擅长与他人合作，谁就能遥遥领先。

Hill（2007）曾说，我们正在迈向一个"后科学"的社会，在这个社会中，财富和领导权将更多地以创造力、社会科学、艺术和新商业模式为基础。他建议，美国可以专注于这些领域，并致力于促进更多国际合作的科学技术工程的衔接工作，这对于美国来说是很有必要的，也将会使其继续领先于世界。

美国不具备低成本劳动力优势，美国的优势是集中精力整合知识和构造全新体系的高等教育系统,这是一个有趣的想法。最后,美国仍然在质量和影响力上保持着领导地位,并取得令人惊叹的成就——有 63% 的论文被世界最常引用;拥有 75% 的世界排名前二十的大学;雇用着世界 75% 诺贝尔经济学奖得主(Galama 和 Hosek,2008)。

参考文献

[1] Bush V. Science: The Endless Frontier[R]. Washington, DC: United States Government Printing Office,1945.

[2] Dalton D H, M G Serapio, P G Yoshida. Globalizing Industrial Research and Development[R]. Washington: US Development of Commerce, Technology Administration, Office of Technology Policy,1999.

[3] Eun J, K Lee, G Wu. Explaining University-run enterprises in China: A theoretical framework for university-industry relations in developing countries and its application to China[J]. Research Policy, 2006(35):1329-1346.

[4] Galama T, J House. U.S. Science is holding its own: Despite cries of alarm, we remain the Global leader in innovation[R]. Pittsburgh:

Port-Gazette, 2008.

[5] Hatakenake S. The role of higher education in high tech industry development: What can international experience tell us?[R]. Washington, DC: ABCDE Conference, 2008.

[6] Hill C T. Global Innovation: The post-scientific society[J]. Science and Technology, 2007(9):78-88.

[7] Assess W. Rising Above the Gathering Storm: Energizing and Employing America for a Brighter Economic Future [M]. 2nd. Washington: National Academies Press, 2008.

[8] Assess W. Rising Above the Gathering Storm: Energizing and Employing America for a Brighter Economic Future[M]. Washington: National Academies Press, 2005.

第五章
在美国本土之外提供学位：一个大学过去十年的发展经验

马克·S.卡姆利特

马克·S.卡姆利特，2000年起任卡耐基·梅隆大学教务长，并于2005年连任，同年被任命为高级副主管。卡姆利特曾与许多院长和系主任一起致力于强化大学的学术课程，打造世界一流师资，加强研究项目、中心及院所的建设，并通过创设新的学术研究项目以提升卡耐基·梅隆大学的人才质量与专业知识水平。在结束了其长达8年的海因茨三世公共政策与管理学院院长一职后，卡姆利特加入了卡耐基·梅隆大学的核心管理团队。在卡姆利特执掌海因茨学院期间，学院的捐赠资金增幅超过80%，研究基金增长近400%。卡姆利特于1976年正式成为一名大学教师，并于1989年由海因茨学院和人文与社会科学学院联合授予其教授职称。在其于1993年被任命为海因茨学院院长之前，曾是人文与社

第五章

在美国本土之外提供学位：一个大学过去十年的发展经验

会科学学院副院长，兼任社会与决策科学系主任。卡姆利特的研究集中在卫生医疗经济、定量分析与公共财务领域，并已公开发表论文逾 75 篇，著作 2 部。公共政策与管理协会曾授予其优秀出版著作奖，以表彰他在联邦预算项目中的研究贡献。卡姆利特曾为美国公共卫生服务小组提供制定国家卫生医疗成本效益分析指南的服务；同时，他还为国家卫生研究院的三个共识小组提供服务，并针对产前基因检测、新生儿疾病排查及临终关怀方面的国家政策制定提出相关建议。目前，他服务于卫生促进与疾病预防委员会的医学研究所和中毒防控委员会的医学研究所。卡姆利特于 1974 年在斯坦福大学获得数学学士学位，1976 年在加州大学伯克利分校获得经济学硕士学位，1977 年在该校获得统计学硕士学位，1980 年获得经济学博士学位。

在过去的十年中，卡耐基·梅隆大学（Carnegie Mellon University）所追求的一个显著的甚至是变革性的方向是其与全球化有关的各种活动。在这段时间里，作为学校的教务长，我有幸目睹了国际化过程中所发生的事，而且我也很荣幸能参与其中。从某种严格意义上来说，现在的卡耐基·梅隆大学与 20 世纪 70 年代一样，在很多方面而言，仍然是一所地区性大学，特别是在科技与艺术领域更是如此。这所学校的大多数学生来自附近地区。

当时，我们在国际上拓展业务的雄心壮志是有限的。学校把目标集中到了强化科研能力和提升国际声誉上。来卡耐基·梅隆大学留学的学生，数量增长的速度虽然缓慢，但处于稳定增长状态，我们更多关注的是逐渐接近我们的外部世界，而没有主动地走出国门去关注世界。十多年前，卡耐基·梅隆大学不会给居住在国外的校友邮寄学校的杂志，从表面上看是节省邮费，但实际上是因为我们没有把加强国际联系作为学校内涵建设的重要部分。

接下来，我将讲述的便是卡耐基·梅隆大学在这方面所做出的巨大改变。这变化在过去的十年中非常快。现在，卡耐基·梅隆大学在匹兹堡以外的地区已经开设了20个以上的学位课程项目，同时有12个以上的学位课程项目开设在了美国以外的地区。（事实上，我们有很多学位课程项目，入学的学生可能来自或居住在不同的国家，这使我很难去回答经常被问到的一个问题：到底卡耐基·梅隆大学为多少个国家的学生提供学位？）

2009年2月，我们在卡塔尔大学城校园举办过一次全体董事会议，大概用这次会议来体现我们致力于国际化所做出的所有努力，是再合适不过的了。那次董事会规模很大，有60多位委员参加会议，这也大概是我至今以来能够回想起的出席率最高的一次董事会议。我想完全可以这样说，十年前的董事会或者大学高层管理者根本不会想象到十年后的卡耐基·梅隆大学能够在卡塔尔

第五章
在美国本土之外提供学位：一个大学过去十年的发展经验

首都多哈的一个海湾校园里举行这样的董事会议，也不会想到这所校园已经拥有 150 位全职教职工，每年招生近 100 人，第二届学生即将毕业。

我们选择为美国大学之外的学生提供这些学位课程项目的原因有很多。但是，最根本的原因就是促进学校自身的发展。事实上，我们希望借助国际化手段，能够切实增强匹兹堡校园的活力，从国外给卡耐基·梅隆大学带来研究经费、学生入学甚至是跨国公司的科研实验室等。我想我们过去十年的经历已经证明了这一点。

基于卡耐基·梅隆大学为提供国际学位所做出的各种各样的努力，美国教师退休基金会研究所（TIAA-CREF Institute）邀请我梳理一下我校在此过程中积累的具体经验，这也许会给其他大学探索国际化提供一些借鉴。这些经验包括我们与各种类型组织，比如与政府、外国大学、公司、基金会、非政府组织、个体慈善家及一些国内大学的合作方式。

我很高兴做这样的事情，但是仍然有些惶恐。卡耐基·梅隆大学在过去十年间的国际化进程确实对整个大学的发展起到一个积极的推动作用，但是仍处于一个学习摸索的阶段，我们仍然遇到很多困扰我们的问题。有时候我们觉得应该继续采用的好方法，在其他情况下却收效甚微，我们仍然需要不断地去探索最适合的途径和着力点。关于这些问题接下来我会讨论，我们将继续不断

125

地从过去的经历中吸取经验和教训。另外，我们的基础框架和路径并不适用所有大学，他们或许采取其他途径去实现自己的国际化。（可能有点自私地说，我并不希望我们的国际化经验那么容易被人复制，那些对于我们来说非常适合的原理，对他们来说也许并不适合。）

尽管如此，我不认为其他大学都应该采取这样的行动，而且我们的特殊经验对他们来说也许并不奏效。不得不承认，细节决定成败，在细节中相互学习到的东西才是最有价值的。此刻，我的脑海里马上浮现出了如下这些问题：

·最吸引人的话题是 Oracle 软件的货币转换问题；

·美国之外教职工税收均衡补偿相关的 20 个关键问题；

·对于那些大部分时间不在主校区的教师，其结构性晋级、连任和其他升职问题的选择；

·卡耐基·梅隆大学的内部管理，学院、部门及其之间的内部财政关系；

·联邦政府对在国家之外实施的研究的监管；

·如何避免匹兹堡不同学院在韩国交叉区域中开展国际化业务拓展时的无序竞争；

·如何在日本建立一个私立的基金会，以及如何避免在印度被当作一个应税实体（Taxable Entity）。

然而，这只是我们几乎每天都会遇到的难题中的一小部分。

第五章
在美国本土之外提供学位：一个大学过去十年的发展经验

实际当我写这段话时，我脑海中闪现的一个想法是，应该通过一些机制或者论坛来分享我们的经验。毫无疑问，我们都知道，这些并不是适合所有人的。

在这章中，我将着重讨论卡耐基·梅隆大学提供学位教育的情况和卡耐基·梅隆大学学生在匹兹堡之外度过的学生时光。

事实上，我们还有许多在国外举办的非学历培训，并为之做出努力。我简单介绍其中的两种。卡耐基·梅隆大学拥有一所美国国防部门资助的科研发展中心，这个中心叫软件工程研究院（Software Engineering Insitute，SEI）。20年来，SEI一直是归国防部门管理的，现在隶属于国土安全部门，作为其首要的计算机紧急事件处理的合作伙伴，这部分工作主要是通过卡耐基·梅隆大学的计算机紧急预警研究小组(Computer Emergency Research Team, CERT) 进行的。CERT一直是国防部门的好帮手并为其监管网络安全，以及一起合作保障网民上网安全。随着时间的推移，CERT遍布全国的服务网，逐渐成为一个国际化的网络，被人们称为"协调者"，把这些国家、地区尤其是CERT覆盖的这些城市和地区联系到一起。

SEI另一个特点就是发明了"功能成熟模型"（Capability Maturity Model,CMM），现在在技术上称作功能成熟一体化模型 Capability Maturity Model Integrated, CMMI），这是一种被国防部用来评估一个组织软件研发先进性与精确性的方法。CMMI评估从 1 级到 5 级，5 级是最好的。一个组织必须被 CMMI 评估为等级 3 以上，才有资格做国防部软件研发的一些分包工作。我们没有能力去评估那些渴望评级的公司和组织，相反，我们监督和培训这些从业者，这些人在卡耐基·梅隆大学取得合格证书后去从事 CMM 评估的工作，这些举措对于卡耐基·梅隆大学的国际化发展和国际声誉来说是举足轻重的。全球所有的公司都在为赢得 CMMI5 级而竞争，而大部分 5 级公司都在印度。在我早期担任校长期间去印度旅行时，让我感到震惊的是由于 CMM 的缘故，卡耐基·梅隆大学在印度比起美国的某些地方来说更具有知名度。

之前已经讲述了为 CERT 和 CMM 所做出的诸多努力，尽管它们是我们学校国际化项目中的重要一部分，但接下来我不再赘述。同时，还有许多与国际化相关的其他问题，介于篇幅和时间限制，在此我简要提一下它们：一个是在过去十年中，卡耐基·梅隆大学一直忙于匹兹堡学院校内的学生事务，尤其是本科生事务，学校为他们生活和就业考虑，学生的国际化见识和竞争力是我们的关注点。但是我在此不讨论留学，或是其他鼓励本科生在其本科阶段去获得一段重要而实质的国际实习经历，也不再讨论我们的商学院给 MBA 学生提供的国外半学期的学习机会。

另外一个我要简略讲的问题，便是我们为那些来匹兹堡学院求学的国外学生所提供的国际化教育，这对我们来说是一个特

第五章
在美国本土之外提供学位：一个大学过去十年的发展经验

别重要的问题。从最近两年的数据来看，卡耐基·梅隆大学的留学生占本科生的比重比美国任何一所顶尖的研究型大学都高（紧随其后的就是以微弱劣势排在后面的麻省理工学院和哥伦比亚大学）。此外，国外本科生所占的比例明显少于硕士生和博士生，在很多情况下，硕博留学生所占的比例超过了50%。

在此，我将不再讲述卡耐基·梅隆大学在其他地区的一系列大学网络组织中所起到的引领作用，特别是在印度、拉丁美洲和南美这些地方尤其突出。我也不再讲述在过去的十年中，我们的教师与国外机构人员合作研究快速增长的情况（当然，在这方面我们不是独一无二的）。我也不再讲述一些大学为致力于国际化发展而成立的营利附属部门及其开展的国际化项目。（其中，国际卡耐基有限责任公司，在为中国12个以上的独立软件学院提供着软件工程师的培训课程。）最后，我也不再赘述在过去12年间发展起来的那些各式各样的研究中心和专家组织，这些机构正着力处理着那些目前被人们认为是国际化最实质性的问题。

事实上，现在有很多类似这样的项目，并构成了大学发展的重要部分，而且这些项目与国际化密切相关。尽管没有做详细的阐述，但是在这种情况下再去问"我们是一所国际化的大学吗？"或者"我们致力于成为国际化学校吗"这样的问题将变得没有意义。同行们，一系列国际互动和项目发展如此之快，这需要我们考虑

129

更多与国际化相关的问题，在这种情况下正确的做法便是关注一所国际化做得很好的具体机构，这样才能够学习到它在开展（国际化）过程中的实践经验。

一、国际化学位项目发展历程：我们是如何到达现在的高度？

卡耐基·梅隆大学提供学位的地点导致申请这个学位的所有学生，最起码是大部分学生的学习生涯都在匹兹堡之外度过。我们在这些项目中的努力将会得到什么？我想不考虑一些历史文化因素，光靠国际化策略和目标是无法解释的。卡耐基·梅隆大学本身具备的很多独有的特征，在其过去十年的国际化发展中发挥了至关重要的作用，最初也并不是出于国际化利益。特征之一便是财政原因，学校不得不变得愈加企业化（或者就像是有些时候形容的那样，不得不具备一定的积极进取精神）。从1970年开始，我们逐渐跻身于国内和国际前列，这在很大程度上归功于我们取得的一些科研成果。遗憾的是，很多高层管理者并不能给学术机构提供所需要的资源。

院系应对这种困境的一个方法便是开展专业硕士项目（Professional Masters Programs），这一部分原因是源于学校的财政结构。在卡耐基·梅隆大学里，中心行政部门会向所有本科生收取学费，其他基本上是由所有外部投资项目的经费所支持，这些

第五章
在美国本土之外提供学位：一个大学过去十年的发展经验

经费一贯不会投入到科研部门里。

相反，科研部门把 80% 的经费收入都用到了研究生的培养上，当他们资金短缺时，中心行政部门压根帮不上忙，所以科研部门在开展专业硕士培养项目上非常积极，行政部门也非常鼓励他们这种企业精神。当我讲到这里的时候，读者第一反应便是觉得这种做法多少有点不合理，他们会质疑：质量培养标准怎么能够屈服于财政利益呢？实际上，当显然是出于经济动机去运营这个项目时，我们会发现一个很明显的趋势，那就是保证提供高质量的教育将成为一个优先选项。造成这种现象的一个原因便是，成年人就读专业硕士的过程中不愿意为了上学而放弃工作，特别是在他们通过学习这些技术和参加就业指导不能获得可观的收益，也不能增强他们自身能力的时候，自然不愿意为此支付每年将近 4 万美元的学费。正因为这样，这些项目普遍在国内排名和国际学术声誉上占据领先地位。

截至 2010 年，匹兹堡校区已经开设了 30 多个专业硕士学位。它们包括新媒体技术、电子生物、电子金融、人机互动、软件工程、信息系统管理、信息技术、信息网络、信息安全、生物技术管理、公共管理、艺术管理、医疗管理、医疗保健与管理、文化产业管理、通信开发与信息设计、专业写作和逻辑计算等。另外，还没有把一些艺术学硕士学位或传统专业硕士学位算在内（像工商管理学

131

位或是公共政策与管理学位）。

有一些学位是由学校多个学院共同提供的，比如，电子金融硕士由泰珀商学院（Tepper School of Business）、统计学院、数学系、计算机科学系和公共管理学院共同提供，跨越了五个独立的学院。行政部门抽取将近20%的学费收入，剩下由这些院系财务部门商议他们自己的经费使用计划。

我没听说过任何一个顶尖的研究型大学会有这么广泛的专业硕士培养项目，或者能够跨越这么多的学院（开设专业），然而这些大学一般情况下都不会非常重视专业硕士培养。卡耐基·梅隆大学许多学术部门的经费会受专硕项目的影响。这些院系包括数学科学、生物、英语、设计、哲学、建筑、人机交互、机器智能、语言处理技术、机器人、电子计算机工程学院，以及泰铂商学院和黑尼策学院（Heinz College）等。这些学院都与计算机科学及信息技术和管理领域相关。

这些项目在匹兹堡校区经过了十多年的建设和发展，已经很好地被制度化了。卡耐基·梅隆大学匹兹堡校区各学院的教师们在课程和后勤方面对这些专业项目进行了全面的开发。这些项目经受了市场和产业的检验，拥有自己的学术管理结构。正是这些被很好开发和有着极高市场需求的项目，构成了我们大部分的国际学位项目。当我们在美国之外提供这些学位项目的时候，并没

第五章
在美国本土之外提供学位：一个大学过去十年的发展经验

有考虑不同地区存在的文化挑战（或机遇）。因为我们知道，我们所开设的学位项目进行得很顺利，课程设置很合理，并且能够经受住检验。

卡耐基·梅隆大学第二个显著特征是传统的教学技术和方法，它早于国际化，但是又与之后十年（国际化）进行的不懈努力有着密切联系。我认为向学生传授任何一门课程都应该尝试不同的教学方法，不管是远程还是其他的，几乎都是融合了多种教学手段。对我们而言，一刀切是行不通的，我们往往采取和结合多种不同的教学方法。

卡耐基·梅隆大学有引以为傲的交叉学科传统，我们建设了探索交叉学科研究的科研部门或中心，有很多优秀的成功案例。每一种交叉学科发展模式都是不同的，当一种方式有效时，那就保持并继续发展下去。当某种交叉学科设置适合我们学校时，可能并不适合其他学校的科研部门或者中心。

同样，我们在借助科技手段开展匹兹堡校区以外的远程教育方面，也有很多经验。当然，我们依然会不断坚持、创新和探索新的方法。在20世纪80年代，当听说有一位来自匹兹堡校区计算机科学领域的教师在墨西哥软件工程领域教学，我想知道这是怎么回事。当时我在一栋大楼里的一个临时录音室观察，有两台摄影机，一个跟拍老师，另一个在一个基本上是高架投影仪的设

133

备上记录这些影像。有一位"制片人"负责编辑这些影像。然后，信号从建筑物楼顶的巨大碟形天线传送到卫星，继而被传送到蒙特雷高等技术研究所的碟形卫星接收器上。来自蒙特雷理工学院的一群学生和讲师聚集在一起，聆听和观看（像素非常差的影像）讲座。如果任何一个学生有问题，他（她）会把问题写在纸上，然后把它递给墨西哥现场的教师。这位教师会通过终端设置给匹兹堡控制中心的制作人发一份电子信息。制作人会把信息打印出来，走到专家身旁，拍拍专家的肩膀，并把信息给他。

当然，这已经是很久以前的事了。然而，过去这么多年，交叉学科设置中"这样或那样尝试一下，也许就能行得通"的传统却让我们延续下来。有一段时期，卡耐基·梅隆大学非常强调教师在学生培养过程中的"面对面"教学。这一点被匹兹堡学院远程教学和授课的教师所强化了。有时这些教师远程授课，再把课程传回给匹兹堡学院的学生们。授课的资料有时与之相关，有时候不是同步提供的。多年来，我们使用了大约六种不同的授课方式。有时候，一个高级专家为固定的班级授课，但是电子版会被其他助教或教师当作与学生进行网络互动的基础讲授材料。（并且，在这种情况下，我们为设计课程或者第一手传递资料的教师制定了补偿机制，前提是他们的成果被其他的老师用于课程的一部分）。其他的时间，学生会一周一次或者一学期两次聚集在匹兹堡或其

134

第五章
在美国本土之外提供学位：一个大学过去十年的发展经验

他地方进行学习。

我们有些课程区别于传统课程，整个学习计划是通过一系列的小组项目来实施。整个课程采用"做中学"的学习方法，教师充当的是教练而不是知识的传授者。此外，我们还积极参与了我们称之为"认知导师"的活动，"认知导师"们通过灵活的教学方式和大量的以人工智能技术为基础的计算机多媒体技术，为不同的学生实时定制课程材料。这一点在开放学习计划以及"卡内基学习"等衍生活动中得到了体现。

二、国际学位的建立：以电子金融理科硕士为例

这两种传统，即专业硕士项目的开展和使用多种创新性的授课方式，当我们开始进行国际学位授予项目时，都成为了很重要的能力。一个很好的例子便是电子金融专业项目。之前提到过，这个项目起源于匹兹堡校区，已开设多年，并取得很大成功。

随后，相关部门意识到，向华尔街在职专业人士以及全日制学生提供该项目的需求可能会很大。而且，该项目会在华尔街开设，不会影响来匹兹堡校区上课的学生人数。所以，我们进行了尝试。我们租了一个很好的场地，那里有很好的教室，播放当时很好的压缩视频。我们在一无所知的情况下进行了各种教学方式的试验，以求达到最好的教学效果。一般情况下，我们会让教师飞去纽约；

135

有时授课内容会从匹兹堡校区传送过来或者有时传递过去。我们有多种辅助教学的方式延长了"坐班时间",教师可以通过网络教学或者助教实现面对面沟通。这种方式进行得很好,并逐渐流行起来。

后来,很多银行愿意为他们进修这个学位的员工代缴学费,并建议如果在伦敦开设课程的话,对他们来说更好。所以,有些银行为学生的学费提供担保,我们有责任帮助银行家去辨别哪些员工达到了申请我们这个学位的要求。由于毕业相对比较容易,我们的项目被认为不具有可持续性,不过,我们正在努力改善。在伦敦开设学位项目似乎仅仅是跨越式的一步,随后我们在法兰克福开设同样课程,一年后在印度班加罗尔也开设了。这些发生得很突然,我们就这样走上了提供卡耐基·梅隆大学国际学位的道路。同时,我们进行了其他研究,如教师国外留职期限的不同安排、如何处理时差和网络信号问题,等等。

读者会注意到,在这个具体的例子中,我们并没有和其他大学合作。实际上,这种方式已经成为我们的发展模式了,尽管下面我将提到一些例外的情况。在某种程度上,很大一个原因是我们一直把重点放在了卡耐基·梅隆大学已经存在的学位上。同时,许多国外大学收取的学费相对我们而言较低,并能够得到国家补助,这对我们来说是不利的。同样,如果在我们想要提供学位的地区，其地方大学很有实力，这很难避免会被当作是与潜在合作大学竞争与分享学费收入的一种做法。尽管有这些情况，我们也不抵制与其他大学合作。总之，我们不得不去寻找那些能够资助我们的机构，那些愿意为之付出学费来使我们有能力去提供课程的资助者。在一些领域中，我们能够给学生提供高附加值的教育，这是市场所做不到的事。这意味着在我们提供学位的地域，我们已经开始了独立运营。

三、对中心行政能力的需要

或许因为我们经常自主实施教育项目，没有很好地把自己的教育项目融入所合作的大学中，所以我们不得不去处理一系列复杂的机构交流问题。如纽约的电子金融硕士专业就要满足纽约州教育部各种各样的要求。虽然最终签订了相互支持条款，但对于双方来说这确实需要一定时间和努力。

更广泛地说，无论是在国内还是在国际上，不可避免地涉及相关复杂的法律、税务、人力资源和环境管理条例，已经成为我们在匹兹堡之外提供学位的普遍问题。我们必须成功地适应这些环境。

经过这么多年的努力，我们已经在中心行政部门建立了法律、金融和人力资源的相关团队，并且现在教务人员在这些方面已经拥有很丰富的经验和专业技能。通常所涉及的问题并不简单，这种专业知识的发展需要一定的规模经济和范围经济。然而这种专业技能并不是我们固有的学术部门或学院明显具备或能够具备的。

比如，很多项目都有广泛的谅解备忘录，而这需要长时间艰难的谈判，随后是折磨人的法律合同条款，这再一次加大了协商的难度。因此，当这个项目在学术或课程层面上运行起来之后，卡耐基·梅隆大学院系的招生和经费分配，便需要中心行政部门提供重要的基础设施。在这样的努力合作下，学术组织和行政中心便建立起了密切的联系。在这方面，一所美国大学在国外开设国际学位有一个风险，那就是需要一套惊人庞大的行政基础设施，并且不容许在多个项目中分摊。

很快就能得出的第二个结论就是，在匹兹堡之外尤其是在美国之外提供学位会比在本土校园成本高，有时候甚至非常昂贵。行政管理和相互合作的成本并不是一个小数目。激励教职工参与这些国外项目的经济手段也非常重要。我们经常接触一些潜在的国外合作者，他们希望卡耐基·梅隆大学能够提供高质量的学位（这也是我们想做的，假设我们完全控制必要的学术事务，并假设能够满足学生的质量标准）。但是制定一个比匹兹堡校区价格更低的学费标准，我们是做不到的。在讨论的第一步，这一点我们就已经很明确地告诉过潜在的合作伙伴。

四、其他专业硕士项目

无论哪种形式,我们许多国际学位项目多多少少在开始时都有点相似,就像上边提到的电子金融硕士学位一样。但是由于合作伙伴关系和内容交付方式的具体细节各有差异,每一个项目都有它自己不同的特点。

我认为,现在最好的办法就是举一些例子。卡耐基·梅隆大学工程学院的院长和我,陪着校长与来自卡耐基·梅隆大学希腊分校的同事,就一系列交流事宜一起出访一所其他学校。应受托人的要求,我们顺便在雅典访问了希腊一个著名的科研学者。他在哥伦比亚大学学习多年,然后在学术生涯结束后回到了希腊。他告诉我们,回国的原因是想要把高质量的教学方式带回希腊,以慈善方式回报当地。当地与匹兹堡校区的信息网络硕士项目存在长期密切合作。他曾与美国一些有威望的大学进行过洽谈,但是很快就遇到了一些行政方面的挫折。我们祝他好运,称赞这些都是很棒的大学,同时也指出我们学校排名很靠前,在希腊有一个长期项目,并很愿意与他们进一步洽谈。考虑到经费问题,我们表明需要融资担保,因为我们没有能力去补贴这些项目,而他们反过来又需要师资质量等方面的担保。我们可以满足彼此的条件。长话短说,九个月之后我们在雅典开始了MSIN项目第一批学员的招生工作。

另外出现的一个有趣的问题就是，希腊政府不会完全认可由希腊之外的大学所颁发的学位。该条件是该国宪法所决定的。然而，基于我们的实力，这并未阻止卡耐基·梅隆大学在此提供硕士学位项目。我认为，政府存在支持或反对两种态度。一方面，政府有一些可理解的担忧及存在对国外大学监管问题上的疑惑；另一方面，某些政府部门也会持乐观态度，如果希腊希望未来能够走向一个以知识和科技为基础的发达社会，那么在一定的科技领域与美国顶尖的世界一流大学合作，这才是国家最正确的选择。

为了解决这个问题，慈善家和其公司成立了基金会，给我们的项目注入资金，并且项目课程的设置、入学要求、教职工及教学内容等完全在我们的掌控之中。同时，我们得到了非常好的、最先进的基础设施，以满足我们的教学和科研需要。这套设施已经使用了7年，每年大概有25位学生参加该项目。同时，有一批教师任职于卡耐基·梅隆大学和基金会，也有一些教师从匹兹堡校区到雅典授课一段时间，有时讲授内容会从雅典通过网络传送到匹兹堡校区。

在南非，合作的伙伴包括南非联邦政府，我们资助了一批南非贫困地区的黑人女性去进修软件工程硕士。这个项目在南非开设的第一年，我们从匹兹堡调来了许多设备，同时派出了许多助教和导师，项目第2年正式启动。这个项目进行得很顺利，但也

第五章

在美国本土之外提供学位：一个大学过去十年的发展经验

出现了一些如时差、距离和网络连接等现实问题。不管怎么说，我们都觉得这是一个可持续发展的项目。但不幸的是，南非货币经历过一次严重的贬值，政府不得不在开设两个周期后暂停了这个项目（然而，最近我们在商讨要重新启动这个项目）。

在澳大利亚，资助者是南澳大利亚州政府和联邦政府，他们认为吸引国际留学生（也包括澳大利亚的学生）加入以科技为中心的国际一流硕士项目学习，与国家的经济发展战略是十分契合的。和希腊一样，当时的规定也阻止了澳大利亚大学以外的专业学位项目在澳大利亚的开设。在这种情况下，学位项目的开设只能与联邦和州政府合作，解除法律上的约束同时得到他们慷慨的设备支持。阿德莱德市是一个很不错的城市，我们准备在那里开设三种硕士学位项目。

如果南非刚刚开始考虑突破时区限制的问题，那么澳大利亚就已经表态将解决全部合作中遇到的难题。我过去常常开玩笑说，为什么阿德雷德市是卡耐基·梅隆大学首选的理想之地？一个原因就是，如果有人问："若从匹兹堡校区径直穿过地球的中心到达另一边的话，会出现在哪里？"那便是我们项目所在地——阿德莱德市。因此，有必要说一下，我们在澳大利亚成功的模式便是，拥有一批有经验的教师以及居住或工作在阿德雷得市的卡耐基·梅隆大学管理层们。

141

在葡萄牙，资助者由国家政府、一些葡萄牙大学和葡萄牙私企共同组成。时任新当选的葡萄牙总理，承诺在他上任的第一年里最少要推动两所国际学校与葡萄牙大学合作建立合作关系，使该国的技术成熟度达到前所未有的程度，这比其他方式更能促进国家的发展。我记得卡耐基·梅隆大学与葡萄牙政府是在第三百六十三天的时候签署了协议，这也是在与麻省理工学院签署协议一个月之后发生的。卡耐基·梅隆大学合作的领域是电子和计算工程学、人机交互技术、科技和创业，与麻省理工学院开展了一些工程学领域的合作。对于与葡萄牙合作的项目来说，同样值得注意的是，我们拥有一批一流的高级教师，这点非常重要。事实上，总的来说，我们的经验是拥有一批来自合作国家的杰出教师团队，这些人为我们的项目发展贡献很多，这不仅是一个前提条件，更是推进我们项目发展的一个非常重要的积极因素。

在日本，动力来自日本中心城市神户的兵库县的县长。日本国内大学在虚拟网络安全和技术管理方面做得不是很好，兵库县想在这些方面有所作为。项目与前面所讲的差不多，就是政府提供一些设施和给予学生一些支持。

硅谷不是我们提到的国外地区。1999年，我们在莫菲特地区（Moffet Field）建立了一座大学，正好就在美国航空局阿姆斯研究中心（NASA's Ames Research Center）旁边，这是我们在匹兹堡

第五章
在美国本土之外提供学位：一个大学过去十年的发展经验

地区之外成立的第一所国内实体学校。很多原因促使了我们在硅谷建立学校。作为一个在信息技术领域的顶尖大学，在IT行业的麦加的存在曾经并将继续具有许多吸引力。我们在硅谷有一个非常庞大的产业，这不仅是因为硅谷已然是IT产业的中心，从一般意义上来说，它也是全球创业的中心。再一次强调，无论在过去还是现在，在硅谷成立学校都有很大的吸引力。

10年后，我们学校还在那里。很高兴地说，我们在那里的专业硕士教育项目进展得非常好，还有一些刚开展的科研项目也很成功（从流体学到机器人技术）。我们开设的各种与IT相关的硕士项目，已经招到几百名学生，并且入学率增长得很快。同时，我们也从在硅谷开展项目的过程中学到了很多经验。

例如，我们没有一个赞助商或合作伙伴能够确保资金的持续性。因而，我们的做法便是招收能够带来足够学费的学生。如果你办学很成功的话，这种做法也是可以的；如果你有解决资金难题的方法的话，这种做法也可取。遗憾的是，我们却没有解决资金难题的其他策略。我们在场地和设备上投资了1000万美元，当我们招生人数远远达不到计划时，便没有了其他选择的余地。

作为战略的另一部分，我们与美国航空局阿姆斯研究中心建立了合作伙伴关系。我们接到了该中心一个2700万美元的科研项目，同时在那里建立了我们的学校。然而，在我方和美国航空局

143

阿姆斯研究中心都没有出错的情况下，美国航空局的政治高层在学校开设头两年之内，把最初的经费缩减到很少的部分。不管怎么样，我们硅谷的项目一直向前发展着。

在我简要总结我们的国外专业硕士项目之前，再介绍几个以前所采取的工作模式。如在软件工程方面，我们曾经和一个韩国顶尖的大学合作，在这个项目里我们主要提供"双学位"。这所大学的教师会教授课程里的一些主要科目，卡耐基·梅隆大学教师负责其他课程的教学，这批学生在匹兹堡校区学习一个学期。

另外一个不同的模式，便是我们与新加坡管理大学信息系统学院已经合作了5年的一个项目。他们提供一个信息系统学专业的本科学位，我们既不教授他们课程，也不授予卡耐基·梅隆大学的学位。但是我们竭尽全力并卓有成效地帮助他们完善了课程体系、招募教师及与他们的教师进行合作研究。除此之外，新加坡政府和新加坡管理大学发起了一个项目，这个项目就是派他们的一些学生到匹兹堡来上学，学习我们的信息系统学课程，并通过这个学分来完成新加坡管理学院的学位。另外，如果他们被录取和选中，他们便能申请学士和硕士联合培养学位，并在5年里完成理科学士和硕士的学习任务。

我们想要成为一个很好并且是长久合作的伙伴。然而，这并不总是如人所愿，我们的资助者和合作伙伴的财政状况有起有伏。

第五章
在美国本土之外提供学位：一个大学过去十年的发展经验

事实上，我们合作的几个国际资助者最近都在经受金融危机，我们必须确保这些项目能够顺利渡过这个难关。我们大多数项目都还在经受着时间的考验，然而我们希望能够继续顺利开展下去。

正如我所说的，我们非常看重质量，因为这是我们得以立足的关键特质。经历了多年形式的变换，这些项目在匹兹堡得以长期发展下来。我们担保课程所涉及的考试、课后作业以及年级的分级标准，都与本校是一样的。当联合委员会对大量的学生入学申请评估时，会考虑他们是否会加入匹兹堡校区或其在国外的项目。我们为这些项目的毕业生感到骄傲，他们将更有能力去追求成功的职业生涯。

五、博士学位项目：两个"例外"之一

我们在匹兹堡之外所做的大部分努力，都花费在了专业硕士学位项目上。接下来，我想简单介绍一下在最近几年里，我们博士项目的进展。然后，我再详细地讲一下我们一个本科生项目。

首先，我将以我认为很重要的对比方式开个头。前边提到的，就专业硕士项目而言，质量最重要的度量标准就是职业附加值。然而，对于本科生和博士生而言，度量标准却是卓越的学术能力和对教学内容的熟练掌握程度。

因此，我们不愿意去开设国外的博士或本科生项目。然而，在最近几年，以葡萄牙和韩国两个国家的试点为例，我们已经拉

145

开了博士学位项目的序幕，但是我们与项目所在国一流学校的关系非常紧张。实际上，这些国家有很多我们想与之合作的非常出色的博士生和优秀教师。在我们已经开设的项目中，学生须花费一半时间在本国就读，而另一半时间要到匹兹堡，以达到学业要求。我们的考核方式是现场考试和其他形式，国际合作伙伴也采取这样的方式。为学生完成毕业论文服务，我们会要求两个学校共同组织考核委员会。学生大部分的时间在哪度过，取决于谁是他们的首要导师和资金来源。我们的这个项目还处于一个初期阶段，但是很有前途。

六、本科生项目：更主要的例外

我们在美国本土学校之外提供的学位项目中，就难易程度来说，本科生学位项目是最具挑战性的。项目的质量，不仅仅体现在专业的附加值上，即帮助学生继续攻读硕士学位，还体现在学生完成学业的卓越程度上。在为医生提供会计课程时，我们希望提供一门对他们的专业角色最为实际有益的课程，无论是作为医疗从业人员还是医院管理人员。我们提供计算机科学本科学位时，希望学生完成的课程在所要求的学术成就水平上是全国最高的。此外，另外一个困境便是在主校园之外提供本科学位项目。本科生教育事业可不仅仅是一个学术事业，其中重要的任务便是帮助

第五章

在美国本土之外提供学位：一个大学过去十年的发展经验

18 岁的青年人更好地成长。

然而，如果这是最大的挑战，那么对本土校园的潜在收益和影响也同样巨大。还好的是，我们在卡塔尔教育城开设了一个本科学位项目，现在已经是成立的第六个年头了，这是我们努力后取得的一个很好的结果。七年前我们与卡塔尔协商，五年前我们招收了 40 个学生，他们几乎都是从海湾地区来的阿拉伯国家的学生，其中一半是卡塔尔市民。我们提供的是成熟的卡耐基·梅隆大学计算机科学和金融学位。从那时起，我们又增加了一个信息与技术的本科生学位。

在当院长的这 10 年里，我一直致力于卡耐基·梅隆大学的国际化发展。事先根本没有想到，这项事业取得的成就和影响力是非常巨大的，对许多方面都有着积极的推动作用。在这里我只说其中的几点。

在这个项目实施的过程中，我们与卡塔尔基金会建立了合作，它是一个非常好的合作伙伴。一开始他们就明确表示不会降低匹兹堡校区的质量要求，课程严格程度和成绩评定等都与我们匹兹堡校区是完全一样的。在我们强烈坚持和他们的支持下，我们掌握了如课程、教师、学科、入学条件等相关方面的主导权。我们双方都认为，这将使学生们能够有和匹兹堡的学生同样的课程或课外锻炼机会。

教育城项目一个令人感叹的地方，便是我们与卡塔尔基金会很好的合作伙伴关系。同时我们还与美国其他一些顶级的大学合作，如康奈尔大学、弗吉尼亚联邦大学、乔治城大学、得克萨斯A&M大学及西北大学，它们都是教育城项目的核心成员。

对于所有合作来说，最让人感兴趣的地方便是思考怎样合作才能最大限度地发挥出作用，而不仅是简简单单的相加。这个想法促成了综合大学的产生：各分校之间协同发展，这种方式在世界上的其他地方是完全没有的，这确实给21世纪的高等教育提供了一个独特的发展模式——学生在这里可以修读卡耐基·梅隆大学的商学或计算机科学及乔治城大学的国际关系学等多种不同的专业项目。

在开设这些分校和卡塔尔基金会的过程中，我们意识到在把注意力集中在学校之间的互动前，首先应明确保障这些大学在独立办学、保证教学质量和严谨的学位项目及学术成就等方面，都应该达到本土学校那样的高标准。反过来，这就要求每一个大学保持核心学术自主权，包括毕业学位标准、课程内容、教师招聘与晋升和入学条件决定权等相关事宜。

这需要每一个院校数以百计工作人员的共同努力和卡塔尔基金会的杰出领导。我们教育城在短时间内取得的成绩比我们想象中更突出。现在，大部分的分校都有自己的毕业生，并且没有任何一个人抱怨他们的院长、校长或者董事长。很显然这些分校的毕业生，无论在学业成绩还是取得的学术成就上完全可以匹敌本土学校。当然这需要我们持之以恒地努力，使教学水平不断向前发展。我们已经强烈地感受到教育城达到了最首要的目标，即"观念上的认可"。

如上面所提到的，除了在室内学习外，学校也同样注重学生个人发展、成长、健康和生活质量，并且这也是教育城第二个重要的任务，现在每一个学校在这些方面都有很大的进步。此外，每个分校都对学生的事务和生活给予了很大的关注。卡塔尔基金会教育部的教师与学生服务中心，在这些方面与这些大学相辅相成。

综合大学的概念，是在教育城发展过程中逐渐形成的。就像上面所介绍的，综合大学的概念根植于在同一地点建立的6所一流大学的联合体，每所大学都可以借鉴其他学校的经验，从而使自己更强大，这样教育城中的每一个学生能利用整个大学教学资源，这在世界上其他地方是做不到的。

因为时间有限，我不再对正在进行的每一个合作项目如学科交叉、共同授课、夏令营交换生和基础教育项目等做全面详细阐述。此外，我很乐观地认为，我们在建设国际化大学的合作探索中具有很大的潜力。同时，我也认为这个项目有利于拉近双方关系。

七、回归细节

记录中我着眼于阐述一些具体问题，严格来说算不上是讨论。

本着这种精神，我想要通过讲述一个实际中我们都会遇到的问题来结束本文，即致力于发展国际化项目的学术管理者所面临的问题。无论他们是多么具有创新精神或是具有行政管理能力，他们总是疲于应付因合同而强加于身的烦琐的管理职责。

我举两个例子。我们曾有一个非常优秀的部门管理者，他有很好的想法，可以允许学生在四个学期里去国内或国外不同地方进行学习（我们假设为 A 国和 B 国）。这虽然是一个挑战，但是却很有吸引力。有一次，我们问到一个问题，把学生从一个国家送到另一个国家学习的相关费用，在学期末的时候如何结算。我们被告之，这些费用已经完全编进了机构的预算中。那些处于经费管理核心部门且了解税收细节的人提到，虽然这样做很好，但如果由机构来支付机票费用的话，这里包含一部分的学生应税福利。我们不能简单地告诉学生在纳税的时候注意这一问题。此外更为复杂的是，我们不仅要从学生身上扣缴所得税，而且扣缴数额还要取决于美国和 B 国之间的税收协定。而且，如果学生是从 C 国来的，那么扣缴数额就要取决于 C 国、A 国和 B 国之间的税收协定。这些问题最终都会得以解决，但解决起来却并不容易，这也说明当正式合同把不同于以往的管理限制强加于本土学校时，我们会碰到更多的复杂问题。

另外一个例子是：一个项目的院长承诺可以给一些教师提供公寓，但是当教师报到时公寓还没有建好。虽然教师有地方住，

第五章
在美国本土之外提供学位：一个大学过去十年的发展经验

但这种情况没有达到当时承诺的标准。仅仅几个星期后，这个院长提出愿意给那些同意补偿的教师一些资金补助，从常识上来看这是明智的做法。但如果发生在匹兹堡校区，那么很有可能违背了学校的规定。貌似在这种情况下，这是一个可以采取的合理方式，尽管这种做法不符合匹兹堡校区的规定，且至今也没有这种类似情况，但是考虑到国际合同的规定，独立审计人员必定会把这些花销划在非正式开支里。

我认为，任何一个国际学位项目所涉及的校长或者院长，都能够讲出一系列这样的问题：如由于原始合同条款中的繁文缛节导致合同的意外终止，以及没有明确地列出可能出现的例外状况等，这些都成为合作项目建立和发展过程中的挑战。本来这样的事情能够克服，也能避免消耗双方精力的。然而，对于国际合作学校和匹兹堡校区来说，与本校一样复杂、令人费解的行政管理程序、教师手册和其他制度，导致更多的时间（最终花费）被我们消耗在了类似的问题上。

回到开始时提到的问题，合作项目面临着基础管理设施方面如法律、财政经费、人力资源和行政人员等方面的挑战。此外，再回过头来强调一下之前提到的一个项目：在主校之外建立和运行高质量的合作项目，想要获得收益将需要更多的管理和支出。有些大学并没有意识到这些情况就贸然推行，那么他们可能遇到一些痛苦经历，从中吸取的教训将使他们印象深刻。

151

八、结语

对于卡耐基·梅隆大学在教育全球化方面所做出的各种努力，如在匹兹堡和美国本土之外提供卡耐基·梅隆大学学位这一重要项目，这已然是大学过去十年发展历程中最重要的事。评审委员会对这些项目是如何不断发展和营利，以及它们最终是怎样影响大学组织结构等依然心存疑惑。而且，从我个人角度来看，这个项目对大学（或社会方面）的效益远比预想的要丰厚很多。

随着这些项目不断地成长和发展，它们已经基本获得了学生、教师还有委托人等积极的支持。我们已经成为一个涵盖面更广、更加国际化的大学，而且我们在美国本土内外所做出的努力得到了很多积极的反馈。此外，我们加强了与世界部分地区的个人、学校、公司、政府以及其他大学的联系，这些地区在未来几十年将成为财富权力和影响力增长的领域。看看在未来十年中，这些联系是否会产生协同效应，这将是一种非常有趣的事情，也许我们目前只能预料到这些。

正如我所提到的，一些大学将毫无疑问地探索是否开展以及怎样开展国际化项目的途径。无论如何，我希望这章可以给他们提供一些关于大学国际化的思考，一些类似方面的经验，也希望对与我们有着相似情况的大学有所帮助！

第六章
开创成功的留学经验

M. 彼得·麦克弗森，玛格丽特·海舍尔

M. 彼得·麦克弗森，公立赠地学院协会会长。该协会致力于推进研究、学习与参与活动，并已居于美国教育领导前沿超过120年之久。麦克弗森曾任道琼斯公司董事会主席，是非洲减轻饥饿与贫困伙伴计划的创始人之一，国际肥料发展中心董事会主席（该中心致力于土壤肥力与农业发展），营养强化中心董事会主席（该组织致力于提升农作物的营养强化）。最近，麦克弗森又担任了由国会创设的、旨在增加留学生数量的委员会主席。在他加入公立赠地学院协会之前，1993—2004年，他曾任密歇根州立大学校长。从2003年4月至10月，他辞去了之前的职务，成为伊拉克临时政府的经济政策主要负责人。在他到密歇根州之前，1989—1993年，麦克弗森就任美国银行高级主管一职。1987—1989年，他担任美国财政部副部长一职，负责贸易、税收及相关国际问题。1981—

1987年,他曾是美国国际开发署的行政人员。在此期间,他还兼任海外投资公司董事会主席。1977—1980年,他曾是沃利斯律师事务所华盛顿办事处的合伙人兼主管(Washington office of Vorys, Sater, Seymour and Pease[①])。在此之前,他曾担任杰拉尔德·福特总统的特别助理。麦克弗森在密歇根州立大学获得学士学位,在西密歇根大学获得工商管理硕士学位,在美利坚大学获得法学博士。

玛格丽特·海舍尔,国家留学能力建设中心主任,该中心总部位于华盛顿特区,由公立赠地学院协会(其前身是美国州立大学与赠地学院协会,简称NASULGC)和国际教育者协会共同发起。该中心重点致力于满足学院和大学的需求,通过强化服务项目,为学生学习全球范围内,诸如健康、环境保护、新兴的通信方式以及其他快速变化领域的热点问题,提供能够让其感兴趣的新方式。该中心还针对来自传统学习方式中不具有代表性的地区,如拉丁美洲、亚洲及非洲的学生群体,为满足其需求而制定相应的发展战略。海舍尔博士在堪萨斯大学获得博士学位,其研究方向是西班牙及拉丁美洲文学。她曾担任新奥尔良大学人文与科学

[①] 译者注:Vorys, Sater, Seymour and Pease是该律师事务所的三位创始人

学院的教师兼院长助理，并在明德学院和太平洋大学开设语言文学课程。她在加利福尼亚大学戴维斯分校和加利福尼亚大学校长办公室工作时，积累了丰富的管理经验，并担任过分管学术事务的副教务长。她的工作内容涉及国际教育、本科招生、K-14推广计划、社区学院转型计划、跨校区协同教学计划等。在加利福尼亚州，她和同事合作协调加利福尼亚州教育系统内的10个校区，并统筹国家教育系统，解决全州范围内的教育问题，如学生成绩、教育质量、学习成效以及课程衔接等问题。

在过去的十年间，美国学院和大学学生出国留学的人数激增了1.5倍，学者们一直重视这种跨国旅行与学习的结合，因为它不仅提供了获得学术的全新视角或者掌握不同学科的学习方法的机会，而且还可以从中体验到沉浸在不同的环境里的活力与兴奋。然而，近期可见的留学数量增长受到了国与国之间关系转变的推动，这种转变对21世纪学生的职业素养和公民生活中需要了解的内容进行了定义。科技、交流、访问以及经济全球化使得学生和学者们对留学的态度发生了转变。信息革命、经济全球化与资本市场、环境问题，以及全球健康与安全已经大大提高了学生们对留学经验的需求。

显然，未来资源（带来的纷争与机会）将会跨越国界，实现共享。这种改变大大地增加了合作与协调的必要性，也增加了把留学经验作为高等教育基础组成部分的必要性。商业人士以及教育者现在都意识到，需要把留学作为高等教育计划的一个基本元素，这不仅可以使学生接触到异国文化，更是一次经验学习的机会——这也是一种可以在全球视野下直接并细致地参与到问题与困难中的机会。

不仅是美国的大学正在扩大他们的留学计划，日本、韩国、加拿大以及澳大利亚也全都开始为他们的学生策划学期留学方案。欧盟也启动了雄心勃勃的博洛尼亚进程计划，旨在促进学生的流动性。尽管设计这项计划是为了协调欧盟各成员国的高等教育制度，以及由此反映政治经济不断发展变化的需求。但是，它最基本的假设是为学生未来的经济和社会生活做准备。这项计划可以帮助学生获得超越国界的教育，这是很有必要的。博洛尼亚进程的目标是宏大的，需要很长一段时间来实现，而实现这个目标的基本前提就是，要求学生必须拥有能在不同国家教育体系中高效便捷地流动的能力。

其他国家的学生也经常通过攻读国外完整的学位项目获取留学经验。事实上，美国的高等教育已经得益于并支配这一领域一段时间了。美国高校接收大量来自不同国家的有才华的学生加入其学位项目中，尤其是在研究生阶段。这种模式也正改变着澳大利亚、英国、加拿大和欧洲国家,这些国家都在大力竞争,以吸引更多的留学生进入自己的教育机构。未来,跨国的交换生在生源地和留学目的地可能呈现出极大的多样性,同时对高成就学生的竞争也将是国际化的。

一、势在必行的美国教育国际化

拥有全球视野的学生对于美国经济的良好运转以及政治、社会的安全来说是重要的。2004年,美国国会强烈呼吁:"国家需要付出更高的成本,留学的收益是明确、直接、重要的。"(Commission on the Abraham Lincoln Study Abroad Fellowship Program,2005,p.3.)报告设定了一个目标,即到2017年美国的本科生留学参与人数将会达到100万人,这一数字是2005—2006年出国留学人数的5倍。

虽然作为全球高等教育的一部分,国外留学的发展速度一直很快,但某些领域还处在酝酿和实验的阶段,一些机构正努力地对科技发展以及国际交流中出现的一些变化进行理解和回应。就像所有改革一样,对于那些庞大而历史悠久的机构来说,了解社会和经济变化的全部后果,并且使其适应机构的自身结构是很难的。因此,许多不同的国际学术计划应运而生。

这些新的计划,当然也受到美国多样化的学院和大学的影响。作为美国社会的核心机构之一,我们的高等教育系统反映着国家的价值观和愿景，并且成功地为美国的社会经济发展做出了巨大的贡献，同时随着时间的推移，其本身也经历了许多不同的变化。但是高等教育系统不是独立存在的，它是由上千个不同理念、课程、目标和结构的独立机构组成的。

所以，我们见证了对于高等教育全球化的许多不同的回应，其中包括国际研究合作组织、教师与学生的交换、分校、双学位、联合学位，以及本科生和研究生留学生项目等。其中，本科留学生在这个教育国际化的网络中占据着最突出的地位。如今大多数美国高校都提供本科留学项目。在这种增长趋势中，多样化的提供模式开始出现，它受制于所有不同类型学科的需求；受制于经济、环境、社会和政治的挑战；受制于参与学生的利益。

在这一章中，我们将概括学生留学的现状，梳理其中几种最为典型的留学类型，分析美国高等教育目前的重要问题，以及那些在新的一年即将走进高校的学生所面临的机遇与挑战。

二、海外留学生的概况

留学生数量一直处于稳步增长的状态。2009年，这一数字增长了8%，总数已经达到了241791人。在最近十年的调查中，这一数字已从1996—1997年的不到100000人，增长到现在的250000人，显著地增长了1.5倍。

参与留学的学生以大三或者大四的学生居多。留学生中大部分为女性（65% vs 35%），并且约80%的留学生为白种人。留学生所在的专业大多数为社会学科、管理与商务和人文学科。增长最快的领域为商业与管理，反映了过去十年经济全球化的影响，以及学生对于这一领域的国际经验重要性的清楚认识。

（一）留学涉及的专业

在未来几十年里，商务专业的学生留学的比例很可能增长得更为迅速。我们已经可以看到一些机构将留学视为毕业的一个条件。比如，明尼苏达大学卡尔森商学院（Carlson School of Business）要求，从2008级的学生开始，所有本科专业都要达到这一新标准（拥有留学经历）。密歇根州立大学商学院（Broad College of Business）把全球意识和全球参与作为人才培养的优先项，并且正"致力于对21世纪世界级大学的内涵进行重新定义"（Michigan State University,2009）。美国主要的私立大学商学院也正在迅速地为他们的学生建立创新性的留学计划。麻省理工的斯隆商学院（Sloan School of Business）、宾夕法尼亚的沃顿商学院（Wharton School）、哈佛商学院（Harvard Business School）等学校为了给学生提供在全球经济中的直接经验，都已经发布了他们的留学计划。《华尔街日报》（2009年4月21日）报道称："国际经验学习（学生沉浸在真实世界的体验）正在成为主流"，同时还报道了一些非传统留学项目，例如，南卡罗来纳大学摩尔商学院（Moore School of Business）与中国香港中文大学的合作项目，在这一个项目中的学生拥有在这两个机构各学习两年的机会。

另外，健康科学和工程专业也同样正在为了给学生提供跨国的学科"实地经验"的新项目而努力着。例如，全球健康是重要性日益受到关注且开设数量呈现爆炸式增长的高等教育专业之一。北卡罗来纳大学、华盛顿大学、杜克大学、耶鲁大学、加利福尼亚州立大学等学校正迅速地建立遍布全球的新项目。他们聘请了跨学科专家围绕健康问题研究医药、经济、社会系统、政治与环境科学的合作，促进了医学与经济、社会制度、政策以及环境科学的结合。解决健康问题需要跨国合作，这一点已经越来越明显。另一个例子是环境科学专业。这一领域中的问题是一个地区性问题，需要学生直接面对经济发展与环境保护之间的平衡问题，需要对地区的科学家、官员和工人进行深度的访谈和密切的观察。

在工程专业中，留学体验也开始被认为是解决 21 世纪问题至关重要的因素。伦斯勒理工学院（The Rensselaer Polytechnic Institute, RPI）开始与丹麦科技大学和新加坡南洋理工大学合作，并希望这样的合作可以扩大到欧洲、南非、澳大利亚以及非洲的其他机构。伦斯勒理工学院欢迎国际学生去其留学所在地注册。麻省理工学院、普渡大学、佐治亚理工学院、罗得岛大学也都正在鼓励其工程专业的学生获得国际体验。美国国家工程学院（The National Academy of Engineering）的报告称：

"美国的工程师必须成为世界的工程师。2020年以后的工程师必须在其整个职业生涯中具备全球竞争的能力。工程专业的学生以及教师，在他们的工作中具有全球视野以及全球社会意义评价意识是十分重要的。"（美国国家工程院，2005）

（二）目的地与持续时间

多年来，欧洲都成为美国学生留学的最大接收地区之一。英国历来是留学生人数最多的国家。毫无疑问，这是因为语言的通用性，以及该地区大学与北美院校之间能够实现轻松转换学分的原因。法国、意大利、西班牙以及澳大利亚也是热门的留学目的地（Bhandari and Chow，2008）。

但是，近年来，越来越多的学生选择到其他地区进行留学。前往亚洲、非洲、拉丁美洲以及中东的留学生每年都在增加，有些地区留学增长率甚至达到两位数。留学的持续时间也在变化。以前大多数的留学时间是一个学期或是一个学年。但是在过去的十年里，这种模式已经发生了变化。现在只有5%的留学生会在国外度过一个学期或者一个学年。大多数（55%）的学生选择在国外度过2~8周的时间，36%的学生会在国外度过一个学期的时间。（Bhandari and Chow，2008，表9D）

三、留学经验的类型

（一）教师主导的项目

最常见的留学项目类型，是来自美国大学的教师在国外地区的高校中开设课程。这种项目通常可以为学生提供独一无二的当地资源。例如，发展中国家的项目可能设在南非，允许参与的学生与政府官员、私企领导、社区组织者、劳工领袖以及其他人见面和会谈。这种理论课程、实地的讨论与考察、政府项目及其他设施，共同给学生提供了一个完全不同的且极其宝贵的机会，让学生去了解这些国家正在面临的挑战和应对这些挑战的方法。

（二）交换项目

美国学院和大学也与其他地区的机构达成协议，允许其他同盟院校招收学生以多学科的视角去体验教育、学制以及另一种文化的特定课程。这些交换项目的费用通常都十分合理，可以提供深度接触另一个国家的机会，促进学生充分融入当地环境中。这种交换项目也能促进同盟院校的关系，促进合作研究项目以及教师交换。这种交换项目也有助于学生语言能力的发展。(大多数项目鼓励学生直接入读，即来自美国机构的学生独立申请注册其他国家的大学，与当地学生一起上课，并且把自己的研究和社会生活整合到国外学校中。)

（三）实习、研究与服务项目

这种项目旨在通过主办国及其文化情境给予学生一种有意义

的工作和研究经历,同时提供学术及社会支持。该项目通常使学生融入国外的工作或者是社会服务机构中。在那里,参与者不仅能融入当地文化,也有机会获得其感兴趣的相关学科的实践知识。这些经历可能计入学分,也可能不计入学分。例如,学生有可能加入拉丁美洲的医疗保健机构,与医生、护士以及政府的卫生官员代表一起做类似联合国当地人口发展计划这样的工作。在那样的情况下,学生获得了对于当地信仰、实际生活、习俗、医疗保健政策的广泛和细致的了解。与此同时,他们的语言能力水平得到提升,他们对于当地社会经济和政策环境的理解程度将得到大大提升。

除以上这些主要的类型外,还有学生参与的许多其他类型的项目和学习体验。我们虽然没有所有留学项目类型的可靠数据,但是以往实践证明,专业研究、实习和志愿工作能够大大促进学生的体验式学习。如何将这些经验融入课程体系,将是不断改进留学工作的一个重要问题。留学是否应被作为通识教育的附加项目,或是专业教育的组成部分,还是应该与其他环节一起被整合到课程体系中,这些问题仍然需要继续验证和讨论。

四、留学面临的挑战

尽管留学的前景充满光明和希望,但是为了充分发挥留学教育的潜力，必须克服许多挑战。首先是留学生的结构。正如之前数据表明的一样，留学生性别和种族的结构存在着不均衡性。在留学生数量上，女性比男性多出相当大的比例。少数族裔学生人数不足，非裔美国学生、拉丁美洲学生和亚裔美国学生在高等教育人中的比例仍然不高。

尽管关于留学生家庭收入水平的数据并不完善，但是通过留学生来源校进行判断，可以估计出那些低收入家庭的学生较少参与留学教育。大规模的研究型高校和挑剔的文理学院，比起综合性高校或只能颁发硕士文凭的学院，更有可能派遣他们的学生出国留学。接收超过一半的高中毕业生的社区学院，派遣出国留学生的人数却十分有限。

另一个重大的挑战是资源。为了宣传和落实留学项目，学院同时需要专业能力和经费资源。同样，学生也需要负担路费等花销，尽管有经济资助和低成本的选择，他们依旧缺乏留学的勇气。这个问题不仅需要学校的重视和支持，也需要联邦政府和州政府、基金会、私立部门的参与。没有新的资金注入，学生、学院与大学都无法实施强有力的计划，尤其是在当今的经济背景下。

五、留学能力培养中心

2008 年，NAFSA（National Association of Foreign Student Affairs）

和A.P.L.U.（the Association of Public and Land-grant University，前身为NASULGC）共同成立了留学培养中心，以应对以上提出的挑战。该中心不仅服务于那些已经从事留学教育拓展的高校，同时也向那些有这种意愿，但缺乏知识和专业技能，以及没有必要的资源来实现自己目标的机构提供服务。中心专注于协助各类机构的决策者和政策制定者，分享其广泛收集和提供的信息[1]。

当然，出国留学的拓展需要考虑许多因素。很多操作上的问题，诸如标准、风险管理、项目运作等等在NAFSA、A.P.L.U.[2]以及国外教育论坛上都被深入地探讨过[3]。然而，我们对这些问题依旧缺乏广泛而有效的信息，以支持各个机构关于留学的决策制定。2008年末到2009年初，该中心的全体员工参与了大量的国际教育会议，与大大小小的机构领导进行了对话，并向其他高等教育协会进行咨询。经过长达6个月的数据收集，整理出一系列的关键问题。但是信息仍然不充分。在未来的几年里，中心将主要关注以下五个问题。

第一，各个学校应当确定留学的根本任务与主要目的。许多学校都没有把他们的留学计划安排作为本科课程体系的组成部分。

---

[1] The Center's resources can be found at its Web site

[2] A.P.L.U.'s and NAFSA's resources can be found at their Web sites

[3] The Forum on Education Abroad's Standards can be at its Web site：HYPERLINK

因此，学校的学术与行政领导们对于留学的预期结果、内容体系、留学课程、留学的时长和结构等问题均未达成共识。没有明确引导留学计划发展的基本设想与期待到底是什么？

在过去，学习人文学科和社会科学相关专业的学生通常会留学。在这些专业领域，留学已经成为整体课程体系中被普遍接受的一部分。现在几乎所有的学科都受到全球化的影响，留学成了一个挑战。我们仍然就留学程度，如语言习得、文化差异理解、国外大学的学科适应等问题达不成共识。该中心将在未来的几年讨论和研究这些问题，以吸引学术界的重视。

正如 Patti McGill Peterson 在第八章所强调的一样，需要关注的第二个问题是请教师作为留学的倡导者。这种需要源自第一个问题。对学校留学计划的认同体现在教师的参与、支持和宣传上。一所学校如何调动教师的积极性，使其参与融入国际问题与经验的课程体系的制订与管理，进而符合 21 世纪的需要？回答这个问题是紧急和必要的。大学校长和教务长的领导作用大大增强了留学的兴趣，并为其提供了方向。但是与其他因素相比，教师的支持最为重要。教师经常在自己的研究中运用国际视野，以保持与国际研究趋势的接轨，并且经常与国际同事合作或交换观点。但是，许多教师并不容易接受课程体系中的留学经验，而且一些学科在内容和方法上更加国际化。这些教师需要亲自看到留学经验

第六章
开创成功的留学经验

对于学科建设的促进作用。在这一问题上,美国教育理事会(ACE)在提供新思路和成功案例方面的工作比较突出,在其出版的研究报告中(Where Faculty Live: Internationalizing the Disciplines),多个学科都注入了国际视野(Green and Shoeberg, 2006)。

教师参与的类型有很多种,有些学校为教师获得研究和教学领域中的国际一手资料、会见潜在的合作者、丰富本科教育等目的的出行,提供旅行补助。2008年10月,罗斯林学院(Rollins College)的校长公布了一项综合性的新计划。该计划指出,每位从事教学工作的教师,都将每隔三年被派到国外一次(Fischer, 2008)。里士满大学(The University of Richmond)、马里科帕社区学院(Maricopa Community College)、特洛伊大学(Troy University)、罗兹学院(Rhodes College)、洛林内尔学院(Grinnell College)以及其他学校都有类似的项目。这表明,不是只有规模大的学校才能应对这些挑战。

更为常见的做法是,学院和大学派遣教师作为引导者和咨询者,与留学生一起出国留学。密歇根州立大学在这个领域是领导者,在5月和8月之间,学校安排了数量众多的留学项目,吸引了以往不常参与留学的学科领域中的教师,给予他们教学与科研的全球经验。

除了直接鼓励教师参与留学计划外,学院和大学的领导通过在教师职业规划中强调国外经历，表明其对国际化的支持。国际化将与教师的终身职位和晋升相关，会为包括国际合作在内的科研计划提供基金。

教师的参与，是解决留学中经常涉及的学分问题的关键。学生可能有一些担心，如失去在校内注册的机会，错失与教师密切接触的机会，留学课程没有价值，学分不被承认，需要延长获得学位时间，进而增加额外的花费等。对于在那些没有把出国留学作为一个公认的课程体系组成部分的学校里的学生来说，这些都是非常现实的障碍。学校的教师和行政领导者必须认识到这个问题，要确保学生了解留学对学生发展的促进作用，不仅是在通识教育和选修课方面，同时也要面向他们的专业。在这些方面，教师的建议和指导十分必要。教师会综合考虑学生的学术目标、学习整体进度，以及他们的学术工作和最终的职业生涯之间的关系，他们的留学建议能够帮助学生获得宝贵的见解。

能力培养中心（The Center for Capacity Building）正在收集教师参与的出国留学项目的信息，追踪包含国际视野的创新课程模式，安排教师和行政管理人员在本地工作，以推进这项工作。举一个最近的例子，该中心的全体员工与来自几个大学的一批教师合作，以克服合作体制上的障碍，以便在多样的参与部门和大学之间共享教学与互认学分。

该中心提出的影响出国留学的第三个关键问题就是资金的挑战。中心将会盘点已有的资金,但是很显然关于留学拓展这方面的计划没有得到应有的关注。学校应该承担多少比例的留学成本?谁来支付这些费用?最佳做法是什么?这部分费用与学校总体经费计划之间是什么关系?

在针对学生与学校对于出国留学的兴趣进行的调查中,被经常提到的问题就是费用,即学生的费用和学校提供项目的费用。2008年1月,美国大学委员会(The College Board)、美国教育理事会(ACE)和文理集团(Art & Science Group)针对想上大学的高中生进行了一项调查,以便评估他们对国际学习的态度。50%的学生表明了出国留学的愿望。在不愿出国留学的学生中,最常见的原因就是费用。

当学院和大学致力于确保他们所有的学生都有机会参与国外留学时,通常会使用学校的助学金(联邦和各州的助学金)来为学生支付学费。显然,这样可能会给他们带来相当大的经济负担。并且,由于参与水平上升,这些负担会变得更加繁重。另外,大学通常都会提供不同的组合方案模式——自费、合作、第三方提供、交流、教师主导等等。为了扩大学生在地点、时间和重点学科方面的选择范围,学校经常需要开设一系列不同的留学类型。当然,伴随着货币波动、教师参与风险管理的问题,学校的资源需求也就不同。在项目和留学的学生数量都偏少的情况下，成本与资金管理相对容易。当项目与参与的学生数量日益庞大的时候，成本与资金管理就更为复杂且充满挑战。相同时间内，当出国留学比在校内花费更多或是当它延长学习时间时，学生会发现留学费用将会成为一个负担。主要在暑期组织国外学习的机构经常增加学生的费用，超过常规学年的在校成本，学生就会放弃暑期的收益。尽管联邦和各州会提供助学金，但这些都以贷款和勤工俭学的形式实现。

该中心的任务就是分析不同类型学校的资金结构，分享关于如何高效地收回成本的知识和理念。这就涉及一系列关于资金、投资、成本、收益、获得来自各州及联邦政府和私人捐助者投资的策略等问题的讨论。2010年春天，中心发布了一份白皮书，对这些问题进行了分析。

第四项挑战就是需要建立一个有效的组织来支持出国留学。选择提供和组织优质留学教育投资组合的比较优势在哪？如何利用招生、经济补助、学术建议以及其他行动，促进留学教育的成功？中心与留学组织相关的议程与上面提到的三个问题都有关联。美国校园的国际化正在发生快速改变，相应的，出国留学的作用以及它在机构中的地位也在发生改变。如今出国留学经常被视作一项独立的活动，直接进入学院和大学的学术核心事务之中，关

第六章
开创成功的留学经验

联到一系列更广泛的国际活动：国际研究、国际学生的招生、日益多样的校园文化环境、分校和提供联合或双学位的国际项目，以及带有国际性问题的公共和社区服务。在此仅举几例。

除了这些国际计划和活动之外，随着留学人数的不断增长，学校必须处理各种各样的行政问题：学校需要对机构进行资金支持和学生援助，以便所有与入学和招生管理相关的人和部门都可以参与学生管理，对咨询教师进行培训，以确保留学课程的知识作为学位计划与管理的组成部分，促进负责招募新生的工作人员的专业素质，以满足审查国际文件的工作需要。实际上，每个校园的学术和行政单位都需要与学校的留学项目紧密联系，并且当参与者数量增加时，需要对这些项目的目标进行深度理解。

通常来讲，通过高水平的管理可以达到这些要求。人们可能会特别考虑那些已经为出国留学设置了量化目标的机构，例如，古彻学院（Goucher College）要求每个学生都出国留学。美国明尼苏达大学和密歇根州立大学前段时间设定了目标，得到了学术和管理者的全力支持。学校也通过学科、收入水平、种族和其他因素关注参与者的水平，以确保全部的学生都能加入。

与出国留学事务相关的校园内的每一个行政单位，可以分享大量的知识和方法，并且能力培养中心正致力于收集和使用这些信息。例如，中心正在通过研究室建立一组数据，帮助改进出国留学

171

招生工作并获得资金支持，告知咨询教师学位模式的课程和时间的衔接，为把回国学生和他们的留学经验整合到校园中分享技巧。

第五项挑战是有效地扩展出国留学计划的能力。哪里有新的留学项目？考虑到学习西班牙语的学生人数的变化，拉丁美洲留学教育的机会在哪里？鉴于亚洲日益增加的经济重要性和高等教育机构的扩张趋势，摆在那些刚刚开始建立联系的机构面前的机会在哪里？非洲和中东地区能否取得突破？能力培养中心的议程上最后一个优先项目看起来超出了美国学院和大学的现有体制，转而关注于教育扩张可以发生在国际上的哪个地方。拉丁美洲、亚洲、非洲和中东在招收更多国际学生方面的潜力在哪里？这些地区的留学生录取比例相对较小，但是他们可以为学生获得所需要的新型经验提供一些好的机会。来自国际教育协会的最近报告发现，欧洲国家仍然是接收留学生最多的国家（57%）（Bhandari and Chow, 2008, p.19.）。但是其他地区的数字开始出现较大涨幅。2008年，去亚洲留学的学生增长了20%，去非洲留学的学生增长了19%。拉丁美洲和中东各增长了7%。对于这些地区，需要更多地探讨与之建立联盟的同时，要结合当地优势提供学习机会。

六、留学：研究的新兴领域

中心工作人员并不从事关于留学的独立研究，但聚焦于新信息的收集并关注于那些迫切需要从事研究的领域,同时公布重要的研究发现。

作为研究的一个领域,出国留学研究需要更多的基础数据。虽然留学经历是由留学管理人员上报到国际教育协会的,但是许多学生在获取留学经验时,可能不需要向学校申请支持。此外,许多学校并不系统地追踪和记录学生的留学经历,尤其是当学生申请另一个学院或大学的项目,或是私人提供的项目的时候。学校研究机构的管理人员将信息补充进数据文件中,确保数据界定的一致性,并时刻追踪该领域的变化。留学需要更好地融入已有的研究工作中。我们需要积极地思考更多关于出国留学本身的价值问题。

同样,关于不同的留学类型,还需要更多的数据和信息,以评估其实际效果,研究国外留学时间、地理位置、课堂作业、实习或研究项目,以及其他内容与最终留学结果之间的关系。我们怎样才能更好地将留学与语言教学结合起来?怎样能够追踪留学给不同学科带来的好处?学校怎样更好地体现留学和国际联盟的价值?更重要的是,如何给学生的留学经验做一个更好的定义。

另外一个需要额外研究的领域就是教育机构本身。"国际化"这个概念用来形容那些国际上关注的高等教育热点问题。但是在实践中这到底意味着什么?评价和判断国际化的标准是什么?

七、扩大留学：下一步计划

对留学领域的调查，大致分为两类。第一类是接受国际教育的学生、教师与学校对国际化表现出来的重视与兴趣。尤其是信息革命的刺激，全球化"网络"触及并连接着全世界人民。学生们正在焦急地寻找着与国际环境、经济、医疗保健直接接轨的方式。实际上，每个学科都发现其自身正经受国际力量的影响。每天都在出现的国际学术项目、国际校园、研究项目使这些变化的范围变得清晰明显。由于基本的假设和实践已经改变了，对于留学的热情当然也不会是普遍一致的。

第二种看法就是，很难预测这种全球教育过程最终会达到的规模。以实质性的方式扩展远在大洋彼岸的美国高等教育，将在很大程度上成为一个给予和接受的过程。我们会传授，我们也在学习。当然，美国的高等教育因其灵活性和不断发展的能力已然成为一种世界模式，世界各地在某种程度上都在进行追捧和效仿。为了适应国民经济和劳动力的现状，过去美国高等教育已经进行了转移和重组，而且正当它已经将更多的年轻人整合到系统之中后，它又开始重塑自身的形式，以满足国际需求。我们可以期待美国院校招收更多数量的国际学生，包括国内的和国外的，更多的美国学生不仅在国外学习一个月或一学期，而且可能持续更长的时间。总之，目前世界各地许多大学提供的出国留学项目很可能是迈向构建世界大学国际学生群体的第一步。

但是在这种根本性变化的过程中，我们必须面对目标、结构、资源、研究和信息等严肃问题。为了维持美国在高等教育中的领导地位，我们必须齐心协力为这个高等教育共同体努力，不断扩大这些留学项目，并且思考如何将国际经验更好地整合到学术项目中去。与此同时，我们必须与私立部门、州政府和联邦政府紧密合作，去研究和宣传教育国际化发展的目的和结果。

参考文献

[1] American Council on Education, Art & Science Group LLC, the College Board. Students' Interest in Study Abroad and Other International Learning Activities[R]. New York: ACEASG, 2008.

[2] Bhandari R, P Chow. Open Doors 2008: Report on International Educational Exchange[R]. New York: Institute of International Education, 2008.

[3] Commission on the Abraham Lincoln Study Abroad Fellowship Program. Global Competence & National Needs[R]. Washington: Lincoln Commission, 2005.

[4] Fischer Karin. Professors Get Their Own Study-Abroad Programs[J]. The Chronicle of Higher Education, 2008,31 (55):10.

[5] Green Madeleine F, Robert Shoenberg. Where Faculty Live: Internationalizing the Discipline[R]. Washington, DC: American Council on Education,2006.

[6] Gutierrez R, J Auerbach, R Bhandari. Expanding Study Abroad Capacity: Findings from an IIE-Forum Survey[C]// Meeting America's Global Education Challenge. New York: Institute of International Education,2009.

[7] National Academy of Engineering. Educating the Engineer of 2020: Adapting Engineering Education to the New Century[M]. Washington: The National Academies Press,2005.

[8] Porter J. Executive M.B.A. Programs Bulk Up Overseas[N]. The Wall Street Journal, 2009-04-21(4).

第七章
在本土大学创造一种国际体验

凯瑟琳·M.沃尔德伦

凯瑟琳·M.沃尔德伦，纽约城市大学教授。2004—2009年，沃尔德伦博士曾任纽约城市大学巴鲁学院院长，该学院是美国东北部最受欢迎的公立院校。她就任该学院院长期间，使学院业务和公共事务项目在全国排名中获得了较好的名次，并在普林斯顿评论名单中位列全国大学排名前10%。巴鲁学院是全美最具多元化的大学，共有本科生、研究生约16000名，其下设有全国著名的杰克林商学院。在入职巴鲁学院之前，1998—2004年，沃尔德伦博士曾任长岛大学商务与公共管理信息系统学院院长；1984—1998年，曾在花旗集团担任过多个管理职位，包括就职于全球财富管理与战略规划部主管一职。1991—1996年，她担任过花旗银行（国际）迈阿密分行行长；还是多家企业及社会组织的董事会成员。1980—1981年，她在印第安纳大学获得拉丁美史博士学位，并成为委内瑞拉加拉加斯的富布莱特学者。沃尔德伦博士是 Tinker 基金会主管、纽约指导委员会成员、金融女性协会会员、管理学会会员以及拉丁美研究学会会员。同时，她还是美国教育委员会国际倡议协会成员。沃尔德伦博士曾获得埃利斯岛荣誉奖章、女性俱乐部纽约奖、女性新闻奖等多项荣誉奖励。她曾旅居过拉丁美洲的许多地方，并发表了许多有关拉丁美洲的研究文章。

很多类似纽约大学巴鲁学院这样的教育机构，已经与国外大学进行国际交换项目很多年了。然而，在运行了许多年后，显然只有相对较少的学生能够很好地利用在国外的学期。巴鲁学院超过一半的学生得到了佩尔（Pell）助学金，并且大部分学生都住在纽约城的五个行政区中。由巴鲁调查与项目评估办公室 (Baruch's Office of Institutional Research and Program Assessment) 收集的最新数据显示，超过 68% 的巴鲁学院的本科生出生在美国境外，来自世界上 160 个不同的国家或地区，超过 70% 的巴鲁学院学生的母语不是英语，他们的母语大概有 112 种。巴鲁学院目前没有提供宿舍，所以没有学生住校。因此，超过 90% 的巴鲁学院学生住在家中。其中许多学生都是移民者的孩子，许多也是家庭成员里第一个上大学的。美国新闻与世界报道（U.S. News & World Report）评价巴鲁学院是过去 7 年中美国最能体现人种多样性的大学，《普林斯顿评论》(The Princeton Review)把其列为美国排名前10%的大学。

随着越来越多的巴鲁学院的学生想要争取短期海外学习机会,对于这么庞大的一个学生群体,机会与资源匮乏是不可避免的。在20世纪90年代,巴鲁学院建立了一个管理交换生和其他海外学习机会的部门。到2004年,巴鲁学院在每年超过12000名的大学生中,仅仅筛选出200名学生,将其输送到海外交流。虽然建立了与亚洲、欧洲、拉丁美洲等大学的交换项目,然而学生参加海外交流的比例却没有上升,同时教师也认为海外学习的学生完成学业任务是很难的。

在2004年,巴鲁学院决定改革国际教育模式,搭建一个更适合学生学习的平台。考虑到大多数的学生平时住在家中,有的平时在纽约城中做一些兼职工作,并且这些学生由于移民政策不能出国,这意味着每个学生一年的家庭收入约为40000美元,所以学校决定为这些没有出国居住和缺乏国外学习机会的学生,在纽约市内创造一个体验国际教育的环境。

纽约城市大学杰克林商学院(Zicklin School of Business)威丝曼国际商务中心(Weissman Center for International Business)的学生国际化方案得到了斯塔尔基金会(C.V. Starr Foundation)的慷慨捐赠。这个倡议追求建立国际多样性的大学,使学生在经济全球化的趋势下为更好地投身于海外工作做准备。这项学生国际化倡议方案，随着在2005年秋天国际证书认证项目的启动达到了高潮，这也是全校范围内重新评估巴鲁学院国际项目和解决非本地城市人口海外高等教育需求的一部分。教师们认为，一个有着国际素养的学生应实现如下目标：

·培养自己批判质疑的精神。

·对整个世界而不是仅对一个国家或地区有着好奇心。

·培养全球意识和一种对历史和文化鉴赏的态度。

·培养一种从"以种族为中心"到促进"民族关系"不断进步的世界观和道德意识。

·获得如何处理和解决文化交融问题的能力。

·获得很好的口语和书写能力。

·培养一种综合的文化融合素养：在文化内和文化间轻松转换的能力。

巴鲁学院在国际教育的对话中，重点关注了独特的学生结构对于学生学习能力的直接影响。巴鲁是齐克林商学院（Zioklin School of Business）的所在地。齐克林商学院是美国最大的经认证的商学院，超过80%的本科专业授予商学学位，大约20%的本科专业是艺术、科学或者公共事务。然而，不考虑学生专业的话，学分至少有一半来源于人文或科学课程。

第七章
在本土大学创造一种国际体验

巴鲁学院的大部分学生是其家中第一个上大学的，家长为了他们接受高等教育往往做出了巨大的努力。结果，许多来自这样家庭的学生，为了尽快完成他们的学业，总是有着强烈的紧迫感和压力。此外，商学专业学生热衷于在假期尤其是暑假去实习，因为这样可以让其毕业后很快获得一份工作。

当这7项学习目标被确定之后，机构便决定设立一个计划，致力于使没有机会接受海外学习的学生在巴鲁本土学校也能够获得同有过海外学习经历的学生一样的国际素养。全球学生认证（The Global Student Certificate，GSC）计划便是基于这样一种考虑而制订的计划。

这个计划的实质是确定一系列有指导性的课外活动，并通过利用纽约大学丰富的国际环境来帮助学生了解跨文化交流的复杂过程。大部分的学习过程在传统课堂之外进行时，将学术严谨性和效用融合于各项活动、研讨会和所参加的实践之中。这个项目利用了巴鲁学院学生的多样化背景和纽约大学独特的国际性，创造了一个培养跨文化交流与相互欣赏的独特学习环境。在某种意义上来讲，这个项目旨在帮助学生实现跨文化技能的习得，让他们面对自己移民背景（非母语的英语语言技能、不熟悉美国社会文化）所带来的这些明显的劣势。实际上，在全球化经济时代下，这些未必不是一个极大的优势。

一、全球学生认证计划

全球学生认证（GSC）计划是一个针对本科生的跨学科、合作课程计划项目，旨在培养学科领域精英。其设计的目的是，通过整合商学、人类学、语言学、社会学、历史学、心理学、宗教学、哲学、艺术以及交流活动来增强参与者对外国历史和文化的理解。它把学术研究和职业培养整合起来去满足学生的个性化发展目标。这种长期的国际学生认证计划为学生提供校内外活动，这些活动的专家有的来自商界、政府、非营利组织和学术界，活动形式包括全球学术研讨会、国家及区域间研究会、跨文化培训、网络体验、领导能力和志愿者精神，还有高超的演讲技能研究会。这个项目同时也提供了一系列的网络活动，学生通过网络可以与巴鲁学院教授和学生之外的国际专家相互联系。在该计划实施的最后，学生会收到一个认可其远程跨学科成绩的证书，同时在其履历上做相应的记录。

GSC计划已经经历了多年的改革，目前主要包括三个方面：参加研讨会和聚焦巴鲁学院内外的国际活动；团体调查项目；项目的相关写作。同时，学生也会从导向性的活动中受益，如参观一些国际合作组织，免费参加纽约大学顶尖的与国际文化相关的国际学术会议。

为了保证项目的质量，学生必须满足一定的资格要求。巴鲁学院全日制大二或更高年级的学生，其平均成绩点数总体要达到 3.0 或者更高。为了获得证书，学生必须在一学年中完成项目规定的 9 个学分的具体要求。

在 2008—2009 这一学年，所有参与项目的学生都必须参加由各界学术和专业人士讲授的 6 个核心研讨会，学生通过参加这些活动可以获得 6 学分。核心的研讨会全年累计起来共有 12 小时，这些核心研讨会的主题主要有：

- 全球化定义
- 全球治理引论
- 跨文化意识引论
- 多元文化团队建设
- 跨文化协商
- 演讲技巧

除此之外，学生必须至少参加一次由校外组织的 GSC 计划设定的活动，这可以获得 2 学分。学生可以选择由 GSC 计划教师委员会或者纽约大学国家文化部门授权通过的全球化课程。比如：

1.（GSC 计划指定的国际课程）由亚洲协会（Asia Society）提供的"伊斯兰文化：历史、传统及其对今天的影响"和联合国大学（The United Nations University）提供的"行动中的全球公民?

市民社会与负责任的全球治理"课程。

2.（纽约市的文化活动）在纽约植物园举办、由皇家图书馆国际资源中心提供的"菊：日本菊花文化"或者"乌拉圭传统音乐和舞蹈"等。

对于最后的项目学分，学生可以从下面的四类活动中任选一项：

1. 由有国际经验的校外专家发起的网络研讨会。

2. 参观一家全球化公司（过去参观的是高露洁和纽约人寿公司）。

3. 在春假期间组织2~3周的国外学习。

4. 参观巴鲁学院写作中心。

（一）国际研讨会和活动

学校安排专人负责研讨会和活动计划的制订。考虑到纽约城市丰富的文化底蕴，学生选择所参加活动的范围很大。许多学生习惯性地去选择熟悉的文化领域的活动，专注于参加那些他们最感兴趣且能满足学习要求的活动。例如，过去GSC计划中的学生主要围绕环境这个主题来进行研究，还有一些专注于伊斯兰文化的研究和中国文化研究。在2008—2009这一学年，这一计划涉及的议题如下：

·石油国家：普京、权力和新俄罗斯

第七章
在本土大学创造一种国际体验

·东方舞：中东运动的魔力

·国际职业：非政府组织和志愿组织

·与阿隆·本·梅尔（Alon Ben-Meir）扮演的美国驻联合国大使扎尔梅·哈利勒扎德（Zalmay Khalilzad）对话

·法国维希犹太人

·百花齐放：创造力与改革

·Kotchegna 舞蹈团

·网络：一个交融的场所

·三井论坛：期货的未来——商品交易、全球市场和技术

·印度婆娑舞

·行动中的公民资格？市民社会与负责任的全球治理

·社会政治动荡时期兴起的非洲城市主体性：南非种族事件

·工业城镇：现代中国的特写

·非洲：与肯尼亚大陆的谈话

·非典型的探戈乐队

·阿朱那（Arjuna）困境：今日的薄伽梵歌

·南印度音乐和舞蹈（South Indian Kathuk Ensemble）

·里约热内卢的音乐文化

·文化实力的对话

·追寻国际地位

·巴基斯坦回归民主及其与美国的关系

·与 Alon Ben-Meir 扮演的 Hussein Hassouna 博士（前阿拉伯国家联盟在联合国的首席代表）对话

·德国现代萨哈音乐：传统音乐中的现代声音

·意大利南部传统的乡村音乐

·新西兰文化

·杜肯大学坦布里赞斯社团（Duquesne University Tamburitzans）[①]

·蝴蝶夫人

·战争舞蹈

·罗马：开放的城市

此外，巴鲁学院为了给学生创造一些参加专业研讨会、学术交流和讨论的机会，在纽约与许多各种各样的文化组织建立起了合作关系。

（二）国际顶尖学术项目

GSC 计划使用了更为传统的方法帮助学生了解具体的国家或地区。学生会被指定对一个国家或地区进行研究，用一年时间去了解那个国家或地区的商业文化，包括当前的政治和经济背景、具体的商业习惯、政府类型、掌控经济发展的潜在规则、税务、授权、信仰及其他对经济有影响的方面。参与这个项目的学生，

---

① 译者注：美国的一个跨文化的音乐舞蹈艺术团体。

第七章 在本土大学创造一种国际体验

在每年 9 月项目启动的时候会被分成若干小组。每个小组选择一个想要研究的国家或地区，然后再选择他们感兴趣的主题。每个小组在项目完成后要做一个 20 分钟左右的 PPT 口头汇报。这个顶尖的学术项目为学生创造了将所学各项技能应用于实践的机会。例如，多文化建设研习会使学生能够成功地在一个多元环境下出色工作，每个小组的成员至少来自 6 个国家或地区。写作技能研习会在语法、编辑和体裁上对学生提供指导，保证他们提交的成果能够符合规范。汇报技能研习会帮助学生在项目完成时提供给同行一份完美出色的研究汇报。

研究计划得到了项目管理者的重视，每一小组的学生都有机会与国际文化专家进行交流。每位专家都要根据其个人的国外知识储备、个人的国外生活经历（通常是学生要研究的国家或地区）和他所擅长的领域作为选择标准进行严格筛选。这些专家每年都会对学生汇报成果的内容和形式进行两次指导，并对学生的进一步研究给出建议。年末的成果汇报会在 GSC 计划参与者、教师、威丝曼国际商务中心的成员和专家组成的评议会中进行展示。

（三）学习档案

为培养学生全面分析和写作反思的习惯，GSC 计划要求学生每次参加完活动后都要写一个简要的感想，或者关于国际文化问题的论评，并鼓励学生不断地从对活动简单的观察进入深入的思

187

考，这一切都是在锻炼学生的写作技巧。现在的项目管理者是经受过批判写作训练并有着丰富经验的人，他们对学生提交的写作都会给出个人反馈。学生经常被鼓励写 1~2 篇草稿，以便慢慢形成他们自己的批判思维。

学生将各种与项目相关的文稿，包括反馈稿、评论和专业履历整合到一个学习档案里并提交，以便项目管理者在年末对他们的学习进行评估。通过这种方式，学生可以看到在这一年的学习中，自己的多元文化意识和理解能力不断加强。那些成功完成这个项目的学生，他们的学习履历中至少包括 10 篇短文和出色的作品，并为毕业生或者潜在的雇主提供合适的参考资料，每一个人的档案都反映出在项目中所习得的开阔的文化视野和深层次的全球热点问题分析能力。

二、全球学生认证计划的益处

学校决定将项目定在纽约城市大学杰克林商学院（Zicklin School of Business）的威斯曼国际商务中心（Weissman Center for International Business）。威斯曼国际商务中心建立的目的是促进巴鲁学院适应全球经济发展趋势。在一些杰出的专家咨询委员会的指导下，该中心通过搭建国家间学术和商业的桥梁，提高学生在全球就业形势下的职业技能。在金融界卓越的特伦斯·马特尔

（Terrence Martell）教授的带领下，通过利用 GSC 计划组织者在国际商业领域的专业性，威斯曼国际商务中心承担起了发展 GSC 计划的责任。参与项目中心研究的许多专家认为，开展一个与设定学习目标相关的计划是非常重要的。早期的项目支持者之一，菲利普·贝利（Phillip Berry）是高露洁全球公司原副总裁，现任纽约市大学信托公司董事会主席。他曾说，建立全球化的思维方式和本土行动不仅仅是一个口号。从商业角度来看，它需要以一种高效和杰出的方式，形成具备洞察力、知识和就业竞争力的跨国界和跨文化的能力。

教师逐渐认识到，巴鲁学院有责任使学生掌握在国际社会中取得成功的技能，或许这是最实用的。在我们相互联系的世界里，或者在像纽约这样的城市里，大多数的学生在完成自己的学业后都选择留在这里，这意味着学生的跨文化交流技能有了用武之地。考虑到巴鲁学院的高度国际化和众多掌握双语或多种语言的学生，我们预期这个项目中的很多学生毕业后无论是在海外工作，还是在美国国际性组织或合作机构就职，都能够取得更多的国际就职机会。

GSC 计划有一项没有设定但非常实际的优势，就是参与项目的学生有优先进入传统国际交换项目的权利。这些学生普遍意识到，通过良好的准备和掌握他们想要去研究的国家或地区文化的技能，不仅能够得到一段很有意义的经历，而且基本上都能够实现跨文化交流。总计有42名学生有过海外学习和参与国际学生认证项目的经历，其中有12名学生是海外学习之后参加项目的。学生A（项目时期为2007—2008学年）在2008年秋季曾在中国学习，她意识到美国学生比其他国家的学生拥有更多的机会。通过项目的训练，她比未参与项目的其他美国学生更深刻地了解到不同文化的差异，同时她也相信，自己有着许多其他的学生所欠缺的跨文化意识。

学生在1月的短期寒假期间也可以出国学习。在这个项目运行的5年中，11名学生在他们参加项目的第一年，拥有了短期寒假出国学习的经历，即使他们没有在假期时间内完成项目的任务，他们仍然受益匪浅。因为他们可以在第一学年的上半学年申请他们想学的课程，下半学年就可以把他们从海外学习到的经验运用到项目和活动中。例如，学生B（项目时期为2008—2009学年）于2009年1月在希腊学习，给出了以下对于海外学习与项目关系的想法：

"住在纽约的我们认为文化多样性是理所当然的，通常也不强调文化间的差异。在一定程度上，GSC计划帮助我认识到了文化交流中的区别。在希腊，很有趣的一个现象是，希腊人现在的文化观念不能违背他们的传统观念。我认为，通过参与全球学生认证计划，我更好地具备了成为全球公民的素质，认识到了多元文化间的差异和在不同文化环境下高效交流的能力。"

第七章
在本土大学创造一种国际体验

学生 C，是一名在 1 月短假中在中国学习的学生（项目时期为 2008—2009 学年）。她这样说道：

"第一学期使我非常深刻地了解到了文化间的流动、局限以及差异等。我认为这个项目使我的思想变得更开阔，也更有能力。总体来讲，我认为这个项目是个起点，它让我认识到了我固有的很多观点和想法，也培养了我对现实问题的质疑精神，同时让我了解到别的国家是如何看待美国、联合国、全球治理和经济全球化等诸多问题的。有了在上海的第一手经验，我能够将这些广泛的理论概念和具体的现实状况结合起来。我感觉现在自己可以有效地、清楚地与其他人交流自己的观点和经验。"

项目带来的另一个好处是在学生从传统海外学习交流中回来继续学习的时候产生的。对许多学生来说，海外学习是开发智力和自我发现的过程，之后通常学生会对美国之外的世界感到更加好奇。鉴于此，学生留学之后往往追求更多的国际机会去继续深造。迄今为止，已有 19 名学生在海外留学后参与到 GSC 项目中来。学生 D（项目时期为 2008—2009 学年）是他们当中的一个，他于 2007 年秋季和 2008 年春季在法国学习，目前正在参与项目。她有着强烈的愿望想继续学习自己之前所在东道国的文化，同时也希望拓展自己对世界其他国家的认识。

三、结语

巴鲁学院非常感激斯塔尔基金会（C.V. Starr Foundation）对项目一如既往的支持，也非常感激威斯曼国际商务中心董事特伦斯·马特尔（Terence Martell）教授，在其领导下能够开展这样一个独一无二的项目。巴鲁大学全体教师和管理者认为："没有什么能够替代这个项目为学生带来的海外学习体验。我们的全球学生认证项目发展非常好，虽然仅满足了巴鲁学院这一部分学生的学习需求。我们虽然在纽约，却有着在全范围拥抱世界的胸怀，并且会让那些多元文化组织、全球性企业、国际机构及联合国总部有宾至如归的感觉。我们的模式由于特殊因素影响，也许对于全球性的高等教育机构来说略显局限，但这也是一种可以被其他机构在大学生培养体系中去增加学生全球意识而学习借鉴的好模式。"

第八章
教师在全球化校园中的中心地位

佩蒂·麦吉尔·彼得森

佩蒂·麦吉尔·彼得森,高等教育政策研究所高级研究员,其主要职责在于为政策制定中的核心决策者研发专项计划,从而增加世界范围内的接受中等后教育的机会与成功率。1997—2007年,彼得森博士任国际学者交流委员会执行理事一职,兼任国际教育协会副会长。国际学者交流委员会作为国际教育协会分支机构之一,主要负责协调大约150个国家的国际教育交流活动,并从1947年起承接了富布莱特项目的管理事务。1996—1997年,彼得森博士成为康奈尔大学公共事务研究所的资深研究员。1980—1996年,她先后在威尔斯学院和圣劳伦斯大学担任校长,目前她仍是这两所学校的荣誉校长。她曾先后执教于纽约州立大学、雪城大学及威尔斯学院。她曾担任过纽约州州长;曾是美国国务院教育委员会下属的国家高等教育挑战研究组成员,负责相关政府事务。

目前，她是威斯康星大学董事会成员、国际教育交流委员会董事、罗斯基金会董事，以及约翰汉考克投资基金董事会成员兼独立董事。彼得森博士在宾夕法尼亚大学获得学士学位，在威斯康星大学先后获得硕士学位和博士学位，并在哈佛大学从事博士后研究。

美国的高等教育机构正以合理的定位来回应全球化的号召。教育的首要目的是知识的发展与传播，这是无国界的。包括科学研究在内的大学的功能在本质上也是跨国界的。物理学的新理论或者人类学的新发现，正迅速地在世界各地传播，到处都能发现其方法和结论的批评者与支持者。就其本质来讲，研究必须通过理解和考察世界其他地区正在发生的相关现象，来寻求其建立的基础和方向。更优良的芯片或玉米杂交品种的抗真菌性能研究，既带来了跨国的合作，也带来了跨国的竞争。关于全球化影响的论争提出了一些问题，这些问题包括大部分的合作是否在发达国家的大学与企业之间进行，发展中国家是否只能是遥远的观望者和最终的消费者。无论站在哪个立场，争论本身反映的就是研究功能在多大程度上体现了全球化。

通过比较，大学和学院的教学是在不同的情境下运行的。我们课堂里的教育，虽然以广泛的已有的研究为基础，但是它既没有全球范围的听众，也无法在其他文化情境中的学者的批评声中

第八章
教师在全球化校园中的中心地位

受益。然而在美国，拥有更多面向全球的高等教育机构这一目标在很大程度上取决于学院和大学的教－学过程（Teaching-Learning Process）能力。教师在教－学过程中的组织能力对于教－学目标的实现至关重要。但是，对于美国教育机构国际化程度的进一步考察发现，学校对于教师作用的认识是缺乏的。因此，国际化经常实现不了目标，因为教师没有处于中心的位置，而是停留在国际化的边缘。这个问题对于致力于成为全球化机构的学院和大学来说是至关重要的，需要对此进行进一步的研究和调查。

在谈到这一问题之前，为了在研究中更好地界定"世界"（World）的概念，也为了从一个更为世俗化的视角讨论大学与教师正在经历的变化，我需要区分"国际化"（International）和"全球化"（Global）的概念。我尊敬的同事简·奈特（Jane Knight），本书第三章的作者，认为这些概念在内涵上是相互联系和相互涵盖的（Knight,2003）。她将高等教育国际化定义为"把一个国际化的、跨文化或全球的维度整合到高等教育目的、功能或者推广的过程中"。这个定义提供了一个概念化的框架，并且告诉我们如何去使用与国际化相关的、相互联系的概念。

"国际化"（International）和"全球化"（Global）的定义，还要看使用这些概念的具体情境。必须承认它们的使用能够表现出非常不同的观察世界的方式。"国际化"反映了国家之间无论是在政治、经济还是教育领域中的关系。它体现出美国许多对外政策的基础、许多学术专业的结构、学生流动的焦点以及进行国际学术交流方案的基础。比如，富布赖特计划就是一项长期的由双边国家签署的协议。国际评论家托马斯·本德尔提醒我们注意，在文化侨民、环境问题、构建全球经济下的跨国公司，以及其他全球化现象面前，民族、国家变得不那么重要了 (Thomas Bender,2006)。显然，在过去的十年里国家在某些方面已经变得更为重要，而在其他方面则并没有那么重要。我们也许需要新的概念，来解释这些观点之间合理的张力，因为我们正在努力帮助美国的教育机构成为具有创造性的世界体系的一部分 (Mebrahtu et al.,2000)

"国际化"和"全球化"代表了不同的世界观，但是对于我们共同的目标来说，都是重要的。它们能够将我们的学术机构置于更具全球性的地位，并且帮助我们的学生成为受过良好教育的全球公民。在这种认识的基础上，上述国际化的定义为"国际化"和"全球化"概念之间的推演提供了一个很好的说明。这就意味着，教师有义务将多种视角（国际化视角、跨文化视角、比较视角、全球化视角）融入所教授的课程和联合课程的教学过程中。

此外，我的大部分观点着眼于教师作为课程和部门教学实践管理者的作用，而不是作为研究者所发挥的作用。正如上面所介

第八章
教师在全球化校园中的中心地位

绍的一样，研究活动是促进教育机构国际化的主要方式，并且每一个研究领域都能够在元文化及比较方法的运用中受益。研究生教育，相对于本科教育更贴近研究功能，沿着这条路线发展将会更加获益。本章不会试图解决这个问题，而是更关注于教师在促进学校本科教育阶段的学术项目全球化的方面所发挥的作用。

一、总体概览

在成为国际学者交流会（CIES）执行董事之前，我已经做了16年的大学校长。这种管理领域上的变化给我带来不同的观念。我过去总是关心自己学校的具体事务，但是职位的转变意味着我应该将关注点转移到整个美国教育机构上。这种转变促成了一篇我与菲利普·阿特巴赫共同撰写的题为《不完全的美国高等教育国际化》的文章。回想起来，我们的文章并不是特别积极。我们提出，大部分西方学术前沿性的研究在这个问题上基本是沉默的，许多学校将目标定位于成为更加国际化的机构，但仍将出国留学或者招收更多的外国学生作为亮点。这种所谓的国际化活动充其量是脱节的。这些学校几乎没有体现出美国教育理事会所提出的综合性国际化的特征。虽然有些人为学校给学生出国留学创造更多的机会而欢呼，却几乎没有人谈论为教师提供相同的机会，尤其是那些教育领域之外的比较研究或国际问题的研究专家。

我们从一项针对14个国家的教师的调查研究（Altbach，1996）中得知，在14个国家中，美国的教师似乎很少致力于国际化的行动。其他国家90%的教师坚信，一个学者必须阅读其他国家的书籍和杂志以保持专业的发展，而只有62%的美国教师认为应该这样做。13个国家80%以上的教师重视与其他国家的学者的联系；稍多于一半的美国教授认同这个观点。令人震惊的是美国教师对国际化课程的冷淡态度：仅有45%的美国教师认为应该采取进一步的措施（加强课程的国际化）。国际学者交流会帮助美国政府管理富布莱特计划，我能够看到，部分教师成员对于参与其他国家的教学明显不感兴趣，甚至是不情愿的，尤其是在那些不太相关的领域（Peterson，2000）。总之，这并不是非常令人鼓舞的画面。最终，我们认为美国人成为美国高等教育强大实力的受害者。因为，高等教育的强大实力会使美国学者产生一种错误的认识，即学术研究所需资源全部可以在美国国内获取。

这大概是十年以前的状况。这种状况现在得到改善了吗？是的，在许多方面已经得到改善。更多的学院和大学参与到国际化活动中，并试图将其与日常工作以更加一体化的方式连接在一起，尤其是在本科生教育领域。然而，整体的效果却极不理想。富布莱特计划仍然面临挑战，很难使美国专业学者认为在马里或摩尔多瓦度过一年时间是一个好主意。关于本科生的统计仍然不太乐观,极少的美国学生出国留学。在没有外语能力的情况下,他们的跨文化经历通常十分有限。也很少有机构去整合这些课程,无论其对学生的学习计划产生什么样的影响。

仅有少数教育机构着眼于该问题的解决,根据学生的经验,将教育未来全球化公民的目标与精心设计的课程联系起来,在通识教育和专业教育之间融合,在地区、国家以及全球之间流动。包括出国留学在内,这类课程的每一个环节都会让学生有更广泛的文化接触,为理智的公民及其作为世界公民的责任制定参考框架。发展这一课程体系是大学教师的工作。

如果我们的目标是要吸引全球范围内最有能力的学习者,出国留学就不是唯一的策略(Peteson,2003)。目前对于传统适龄学生来说,出国留学仍然有一些阻碍因素。非传统适龄学生现在占据了在校生的50%,这些学生年龄更大,通常拥有全职工作。他们倾向于选择以职业训练为导向的学习项目,而且没有时间出国留学。他们中的大部分人被社区学院录取。这个群体不可能是出国留学的主要目标群体。然而,这些学生也需要具备全球公民所需要的知识和技能。

这意味着不论他们是否出国留学,我们都需要扩展学习内容。学校需要从国际化和全球化的视野向其提供更多的联合课程机会,精心设计并建立吸引学生的模式教育。在管理者的关注和支持下,这些模式需要教师团队去建立和实施。这些工作应该被管理者和教师视为分内工作的一部分。

二、作为国际化代理人的教师：隐含的明显问题

学生虽然毕业了，但是教师作为课程的管理者仍然存在。他们可以成为更广义的教育项目的代理人，或者他们可以通过狭义的学科概念来分割课程，在小范围内实施跨文化的学术研究。教师群体有能力为学校的国际化和跨文化发展打下坚实的基础，他们也可以成为现有国际课程的倡导者。我在早期的职业生涯中认识到，改变课程类似于迁走一块墓地，是一个缓慢而复杂的任务。那么问题来了，我们是应该鼓励教师或给其更多的机会去完成这个复杂任务呢，还是遵从传统的路径，继续孤立、僵化地经营不同的部门和学科领域？

教师在学术治理方面的权力和推动国际化发展所发挥的作用之间存在不平衡性。如在质量认证、学分分配、专业内容建设等方面，教师在很长一段时间里居于主导地位。然而，在促进学校的国际化发展方面，教师们的声音却变得很微弱。我们需要问问为什么。

这个问题需要从两方面分析：一个是外部因素，另一个是学术界和学校本身的内部因素。对于美国教师而言，促使其在专业

上与其他国家和其他文化联合的外部因素是,他们确实对这个问题缺乏关注。在后"9·11"时代,政府官方发布的各项声明中均表达了对高等教育进一步促进民族、国家之间理解的需要。然而,却对于如何帮助教师在教学过程中促进学生适应这个新的充满挑战的世界缺乏指引。美国对加强与世界其他地区的联系缺乏准备,其关注点很少放在高校的课堂中。教师从来不被视为推进与世界其他地区联系的关键因素。这迫使我不得不再次强调这个明显的事实背后的深刻意义。如果它是讨论的一部分,我猜想这将是一个重要杠杆,能够促使学校领导者更加积极地思考教师在促进学校国际化计划中的核心作用。

基本上,公共话语已经跳过了教师。所有人似乎都在计算着出国留学的学生数量,无论是研究生还是本科生。我们对于学生的国际流动已经很熟悉了,但关于教师的国际流动情况却知之甚少。如果你查找关于教师国际流动的信息,你不会找到很多。美国开放门户报告在其年度学术流动统计信息中不包含关于美国教师的数据。当把研究扩展到其他国际机构(一些欧盟内部的数据例外),如联合国教科文组织(UNESCO)以及经合组织(OECD)时,我发现它们中任何一个都没有收集教师流动的数据。当我们开始强调学术国际化的重要性时,教师数据的缺乏说明当前该领域仍然被忽视。

虽然拥有一个更有利的外部环境会有所帮助，但在深化理解和破除一些内部阻碍的方面，我们往往是自己最大的敌人。曾有人说，美国高等教育拥有21世纪的学生、20世纪的基础设施，以及19世纪的教师。毫无疑问，这是那些一直心怀不满并试图移动课程这块"墓地"的大学校长的论调。但它提醒我们，那些想要跟上步伐的学校需要将基础设施和师资队伍建设提上日程。树立教师是国际化进程核心的观念是第一步。帮助他们实现这一作用的是详尽的教师发展计划。

部分学校领导者对国际化的理解过于狭隘，这仍然是一个问题。管理列表中的许多其他优先事项经常导致我们只见树木不见森林。我们往往只关注具体的、尽可能多的、吸引外国学生的招生策略，却没有将他们的融入与更广阔的国际化计划相结合。我们注意到以前更侧重于将出国留学的人数作为衡量国际化水平的指标。当然，在某些情况下，这样做是有效的，接收更多的留学生会与外国机构建立合作联系，但这种合作往往只是象征性的或与整体计划不相关的。然而，目前所采取的吸引和支持教师参与全球化学校进程的策略，效果都不太明显。它常常依靠运气，依靠志愿者精神，依靠那些喜欢旅行的留学管理者，而不是依靠国际化策略，应该主张每一位在这所机构中教学的人员都有责任帮助学校培养全球化的、有知识、有能力的公民。

即使具有远大的理想和良好的愿望,许多学校的领导们仍然需要在学校中设置激励机制,用以支持学校目标的实现。我们再一次陷入了那些隐含的却又显而易见的问题中。如果你希望把教师从各自的领域中引导出来,并且心甘情愿甚至是踊跃地参与国际化进程,就需要分析任期、晋升、离职、补偿政策以及相应的部门活动。国际化需要许多教师关注超越于那些他们已经非常熟悉的领域。面对那些已经在原有领域中获得的传统认知,教师经常要反其道而行之,并以其期待接受的回报为基础。

教师发展项目,可以提供以比较研究的视角审视研究问题的机会,可以提供在其他国家做学术报告的机会,可以提供与其他国家或地区的同事一起从事合作性研究的机会。这些项目只是需要做的一部分工作。另外,还可以给教师提供在其他文化情境中向学生教授专业内容的机会,包括在宽广的跨文化透镜中思考教学大纲与教学过程的机会。在目前的经济困难时期,这似乎是难以完成的任务。想方设法地充分利用机构预算中的其他可用资源是十分重要的。

三、政府的刺激方案

富布莱特计划项目是美国政府和他的主要投资者、纳税人实施的一个刺激计划。该项目于 1946 年通过国会立法而设立,因威廉·富布莱特参议员而得名。威廉·富布莱特的人生因成为罗兹奖学金获得者而改变。通过在欧洲饱受战乱之苦的亲身经历，他直接了解到学术交流对于开阔思路和促进对话的作用。对他来说，这个方案的通过给学生提供了学术交流机会进而拓宽了视野，主要是为促进和平和实现理解创造教育基础。

富布莱特计划项目现在是全世界范围内面对学生和学者群体的最大的资助项目（Glazer,1987）。其建立以来的良好声誉被世界上许多国家或地区认可。它也为那些参与该项目的美国学院和大学教师提供了国际接触和联系的丰富的资源。富布莱特参议员首先关注的是学生的国际化机会问题，早些年对于教师的项目扩展、对于美国高等教育的许多方面都产生了意想不到却十分重要的国际化影响。

在其成立 63 年的时候，富布莱特计划项目与 150 个国家或地区开展了双边的交流项目，并且举办了一些新型的多国交流活动。教师参与项目不受其所在机构类型或者职称等级的限制。大部分的拨款是讲座拨款（Lecture Grants），为包括从备受瞩目的特聘讲座项目到新世纪学者项目在内的一切研究性活动提供经费支持，从各国征集优秀学者从事共同的研究课题。综合考虑研究的适切性，项目期限会在短期资助和长期资助之间变化。

我们对参与富布莱特计划项目的教师进行的历时性研究

(Bureau of Educational and Cultural Affairs, 2001)显示,很多教师返回其母校并确实做到了以下几方面:能够以比较的视角更加清晰地认识他们的学科,改变他们从前教授课程的方式,以他们在富布莱特的经验为基础建立新的课程体系,参与更多外国学生的项目,更加积极地向对留学感兴趣的学生提供建议,并很可能保持其与国外同事和机构的联系。这更像是一种帮助教师融入国际化进程中的方法。然而,我们发现,许多学术机构和国内的校区,并没有积极鼓励其成员申请富布莱特计划项目。一个常见的原因就是,申请富布莱特计划项目将会偏离手头的实际工作,即他们的学科研究。

在这样一个似乎每个学术机构都在努力实现全球化的时代,存在一个很大的讽刺,富布莱特计划项目大部分针对美国的教师和专业人员,但一直未达到满额申请。许多学校对此设置了预算限制,这更是一种讽刺。实际上这个项目能够支付给教职员工在国外一年的费用,但美国的申请人数并没有达到其他国家的水平。当我们声称深入地推进国际化时,有一些事情从根本上就错了。

出于"坚持学术规划"的目的,更为年轻的、未获终身教职岗位的教师不会选择富布莱特计划项目。这些教师在今后十年左右的时间里有责任提升其所在机构的国际化程度。通过提升他们的能力来实现这些责任是非常有意义的。在国外教学会促进教师的专业发展。将课程教授给不同文化背景的学生群体本身也是一个启蒙的过程。教师在国外高校度过的一年时间，可以被视为促进国内高校国际化程度的一种贡献。当教师在从事这项事业的时候，学校完全可以以全球化的名义为其保留任期一年。

四、学科：是帮助还是阻碍？

教师的国际化参与的关键问题之一，是如何使他们能够在没有损失的情况下，一边投入他们的专业，另一边投入国际化工作。在学术生活中学科的作用是很大的。我们必须围绕学科来组织我们的机构。受到学科训练的教师都有基本的专业认同感。学科协会和出版机构控制着质量标准，并且思想交流通常都发生在学科范围内。在学科范围内，学者更为关注最好的研究在哪里出现，而很少关注教学和本科生教育，这就是大多数博士所追求的方向。

国际化已经陷入了进退两难的局面。学科用无法撼动的力量塑造了教师的观念，因此考虑学科的作用是很重要的。我曾经称赞过美国教育理事会一篇题为《国际化专业》的报告（Green and Shoenberg,2006）对于学科作用的强调，但是当我在一所重点研究型大学访问时，发现自己成为一个怀疑论者。这些学校夸大了该报告中包括的学科部门所做的工作。当我问这些部门如何回应报告中的建议时，竟然没有人知道这项工作。

第八章
教师在全球化校园中的中心地位

全球化项目需要更好地渗透进学科活动。以 2008 年美国历史协会（AHA）年度会议为例。该会议的参会名单令人印象深刻，他们的对话充满着众多学科交叉的背景，为拉丁美洲、亚洲以及其他地区的专家交流提供了机会。然而在全球化的视角下找到一个讲授历史课程（尤其是美国的历史课程）的交流平台，或是将学校的国际化目标与学者的历史研究相结合构建一个专业，是很困难的。一般学校为应对全球化进行的努力似乎不是美国历史协会交流活动的主要议题。

在 2008 年的美国政治科学协会（APSA）的年会上，我使用网页搜索工具搜索"国际化"，其结果值得重视。20 页的会话列表的标题中均出现了这个词。然而，没有一条涉及美国教育理事会关于学科国际化报告中提到的国际学习目标的落实与实践。美国政治科学协会为教学和学习领域思考政治科学在通识教育课程中的作用，以及学科在帮助学院和大学国际化进程中的作用等主题，仅留出很少的会议空间。该协会试图把这些问题纳入其正在实施的工作中，这一举动应该得到承认，但是并没有很好地渗透，这一点在我的搜索结果中得到了证明。的确，一些政治学家参与了 2006 年的教学和学习会议，他们在课程体系的国际化方面对协会的工作提出如下建议：

· 包含全球性的重要事务。

・支持更多的全球化教学和学习实践活动的典型模式。

・在美国政治科学协会的网站上提供全球化信息。

・在所有政治学分支领域内开展关于如何实现课程国际化的讨论。

・在其他学科和专业领域内促进全球化。

我们目前还找不到官方对于这些问题的正式回应,但是一切值得期待。

认可学科在具有比较性和全球的维度上所做出的努力,是非常重要的。在协会基础上的学科,在传统上并不是顺应全球化时代的需要而建立的。虽然2011年美国历史协会的年会主题是"史学全球化",但这并不能说明美国历史协会将更加关注教学,也不能说明协会将鼓励其成员在全球化的背景下走出国门。同上,我们仍然需要期待。

重点学科的重点通常不是放在跨学科上,也不是放在以课程变革为代表的国际化工作上。重点学科不关注教学,尤其是本科生的教学。从不同学科的研究生培养机构中新鲜出炉的博士,并不是课程国际化成果的一部分。他们大部分是特定领域的研究者,关注论文的发表,为此持久地付出努力,试图通过其前辈已确立的规则使自己的研究特色鲜明。与学科负责人的对话也许最终会带来一些改变,但是现在,只有学校可以设定自己的新规则。

五、以校园为基础的补救行动

毫无疑问,有很多方式可以使教师和学科融入国际化工作。无论采取什么措施,以明确的期望和愿景为开端去改变和培养新的能力是至关重要的。虽然不同机构的措施可能各种各样,但我相信如下因素是教师参与全球化必不可少的:

(1)国际化的活动必须拥有全校的视野。关注的焦点是将学生作为第一位要素,帮助学生在世界范围内找到适合自己的最好的教育,并且建立具有比较性和全球性维度的知识基础,两者都要以通识教育及专业教育的需求为准。

(2)所有学科的教师都需要支持全球化目标的达成。一旦这个宽泛的目标边界确定了,机构就应该制订计划去促进通识教育以及围绕课程国际化重设专业。包括美国教育理事会在内的许多地方机构已经开始对如何围绕这一活动组建学校社团的策略进行了讨论。存在的问题就是其经常陷入常规地协调工作,而不是主动地领导工作。这就意味着,要对那些缺乏创新的机构提供实践的指导。

(3)除此之外,协会有义务以部门工作计划的形式整合出国留学、实习以及其他合作课程的机会。应该鼓励跨学科计划,并且使跨学科计划成为部门应完成的事务之一。这可能会促进以专业为基础的跨学科的全球性研究的兴起,进而促使联合课程的形成,以促进国际化进程发展。

（4）要求部门提交工作计划,并将其作为国际化进程的一部分,会促使部门在前国际化阶段引进更多能够促进国际化目标实现的教师。事实上,大部分机构不能补充足够的新教师。假设这样的话,我们就必须使现有的教师人尽其用,当务之急是做整个机构的教师资源的调查。是否有人正在与世界其他地区的同事开展合作?学校是否拥有地区或国际合作研究领域?本科生和研究生在学习期间有多少人出国留学过?谁曾在国外教学或者做过研究工作?教师的外语能力如何?对于这类问题的答案将会帮助我们理解教师已有的国际经验。师资之所以重要是因为,它是学校持久能力建设的基础。

（5）将教师的能力建设与教师发展计划相结合,是这个进程的基础。这样的计划必然会是多方面的。它能够通过深入研究或者直接跨文化接触为个体教师提供比较视野。在教师团体维度上,它能够使整个学术部门制订长期的计划,或者培育跨学科团队。不同形式可以解决不同问题,形式组合的选择取决于课程计划。所有这些方式都非常有助于国际化目标的实现。最重要的是,教师的专业发展、学校想要提供给学生的学科或跨学科知识,以及达到这些目标所需要的教学过程都是相关的。对富布莱特计划项目或者其他基金会的捐赠等外部资源的有效利用,会帮助这项计划的实现。那些直接亲身受益于出国留学的学校和大学校友，会希望在这个战略发展领域为他人提供帮助。

（6）最后需要我们注意的是，建立一个全球性的机构这项工作很艰难，需要建立一个激励体系。我们需要认清那些只说不做的行为，例如宣称我们的目标是更为国际化的，却没有对那些促进学校向国际化方面前进的教师进行奖励。奖励的内容需要整体设计，如有必要，还应该按照全球化的目标进行修改。

六、结语

在最后的部分，我会对美国高等教育史做一个比较研究。伴随着跨学科专业、女性研究和非裔美国人研究的兴起，我们一直处于各种文化的包围之中，以前很多的固有观念需要做出一些改变。传统的学科观念的核心是，促使教师超越传统学科框架会破坏美国高等教育。相反，我认为，将美国的多元文化整合到学生的学习方案中，会帮助我们强化专业教育。学校现在面临更多的教育需求，要确保我们的学生不仅了解自己国家的多元文化，同时也要了解世界其他国家的多元文化。这也许会推进学科的边界，改变构建专业的方式，要求更多教师以比较的视角从事他们的研究工作，并且奖励那些在传统上被认为是学术冒险的行为。我向大家推荐的这些行动，其潜在的回报是值得努力的。

参考文献

[1] Altbach P G. The International Academic Profession: Portraits of Fourteen Countries[M]. Princeton: The Carnegie Foundation for the Advancement of Teaching,1996.

[2] Altbach P G, Patti McGill Peterson. Internationalize Academic Higher Education? Not Exactly![J].Change, 1998(30):36-39.

[3] Bender Thomas. A Nation Among Nations: America's Place in World History[M]. New York: Hillard Wang,2006.

[4] Bhandari R, Chow P. Open Doors 2008: Report on International Educational Exchange[R]. New York: Institute of International Education,2008.

[5] Bureau of Education and Cultural Affairs. Outcome Assessment of the U.S. Fulbright Scholar Program[R]. Washington: SRI International,2001.

[6] Fischer Karin. U.S. Faculty Members Lag on Global Engagement[C]// The Fulbright Experience and Academic Exchanges. New York:American Academy of Political and Science,2009.

[7] Green Madeleine, Robert Shoenberg. Where Faculty Live: Internationalizing the Disciplines[R]. Washington:American

Council on Education,2006.

[8] Knight J. Updating the Definition of Internationalization[J]. International Higher Education,2003(33):2.

[9] Mebrahtu T, Michael C, David J. Globalization, Educational Transformation and Societies in Transition[M]. Oxford: Symposium Books,2000.

[10] Peterson Patti McGill. New Directions to the Global Century[J]. Frontiers: The Interdisciplinary journal of Study Abroad, 2003(9):189-198.

第九章
教师学术经验的国际化

戴安娜·B.卡琳

戴安娜·B.卡琳,美国堪萨斯大学传播学教授,2000—2007年担任研究生院国际项目主任,2007—2008年担任校研究生委员会常务主任兼国际推广主管。在其任职期间,堪萨斯大学获得了由国际教育者协会针对校园国际化颁发的保罗·西蒙奖;同时,由于其在推行学生留学成绩认证、发展国际课程及课外国际化活动中做出贡献,因此获得由高等教育学生事务管理协会针对全球化意识计划颁发的最佳实践奖;此外,在她的努力下,学校与韩国大学建立了工程学位联合培养计划,与法国商学院建立了双学位培养计划。卡琳在担任国家教育者协会负责人时,主要负责博洛尼亚进程计划,在她的积极推广下,该计划对美国高等教育产生了一定的影响。她向美国的多个专业协会提出了推行博洛尼亚进程的方案,并且她还是诺尔曼·伊万斯和莫林·安德拉德主编

第九章
教师学术经验的国际化

的《国际学生：发展关键资源》一书的合著者，撰写了《国际学生协调问题》。目前，她是斐贝迪国际学者荣誉协会（Phi Beta Delta）堪萨斯大学分会的主席。卡琳的一些传播学课程经常被多个国际单位收录。

在美国，几乎所有的高等教育机构在使命陈述中都会涉及校园国际化的任务。所以，高层管理者穿梭于世界各个地方寻找合作伙伴，开辟以教师为主导的海外学习项目的新领域，招募国际学生，开展合作研究，培养国际校友。佩蒂·麦吉尔·彼得森（Pattit McGill Peterson）认识到，这些努力在建设一个国际化学校时有一定局限性，真正有用的是提升授课教师群体的国际化水平。格林（Green）和奥尔森（Olson）认为，只有拥有稳定数量的教师队伍，积极地参与国际化活动，才能给学生提供更多多元化的国际学习机会。（德雷克大学副教务长）

彼得森（Peterson）所描述的工作实践起来可能很困难，但并非不可能。因为课堂教学都蕴含着国际化的潜力，就像各个组织成功加入一个日益相互依赖的世界的过程一样（Francis, 1993）。国际教育工作者协会（NAFSA）的现任主席约翰·哈齐克（Hudzik）在该协会的国际教育工作者专栏中表达了这种潜在的可能："想象任何的学科或学位不被全球化的力量所影响是困难的，也是不可能的。同样，也不可能忽略这些学科和学位项目为解决全球性问题做出的贡献，他们同时被来自世界的目光关注"（Hudzik,2009）。所以，除非课程国际化成为可能，否则，大量想要在全球化社会中学习、生活和工作的学生将被很多资源限制，因为他们中很少有人能去国外或者参与到那些认同国际教育事业的教师们的课程中。

实现整个校园的国际化需要全体教职员工的共同努力。一个关于全体教师参与国际化行为的研究（Saiya and Hayward, 2002）表明，将近90%的教师可以到国外参与科学研究或参加专业会议，但是只有16%的老师能够在国外研究小组中担任领导职位。这说明，即使教师实际上在国际化中表现得非常活跃，但是这种参与并不符合弗兰西斯（Francis）的定义。教师在专业会议上做国际化或者全球化问题相关内容的研究展示，或者在国外参与文化经验交流。此外，教师通过与国际研究组织合作、在国外机构授课、出席国际会议等途径获得国际经验，但并没有将其应用在课程讲授和学生培养上面。这些联系可能目前还没有形成，但并不意味着它们无法形成，使它们呈现出来正是教师学术活动国际化中重要的第一步。美国高等教育国际化的终极目标就是使国际化的教师和他们的学生之间建立某种程度上的联系。

其他国家的学者同样关注实现高等教育国际化的手段。美国

第九章
教师学术经验的国际化

的近邻,加拿大的学者就在进行一项关于维多利亚大学教师国际化的实验:针对教师作为国际化课程改革推动者的系统研究显然是一个被忽视的领域,(并且)几乎没有关于国际化课程改革的教育战略研究(Shuerholz-Lehr et al., 2007)。在这种情况下,促进师资队伍学术经验的国际化和学生国际化的最好的方法,就是探讨实践领域中的最佳做法。本章首先研究了教师国际化的阻碍因素,进而探索了一些有效克服教师在国际化过程中遇到的个人阻碍和机构阻碍的可行的方法与实践经验。其中,许多建议都来自美国堪萨斯大学的研究项目。美国堪萨斯大学也获得了国际教育工作者协会(NAFSA)颁发的校园国际化的保罗·西蒙(PAUL SIMON)奖项。其他经验来自我所熟悉的其他学校。此外,文献研究和专业机构的研究成果也给我们很多启示。

一、教师国际化的阻碍因素

有三项关于教师在国际化课程建设中的作用的研究,在过去的十年时间里得出了同样的结论。第一项研究是 1993 年由美国州立大学与私立学院联合会(NASULGC)的国际事务委员会开展的。该研究指出,"管理者正在寻找有效的途径来迎接高等教育国际化的挑战,并且他们认为教师主体还不够国际化"(Commission on International Affairs, 1993)。基于这种认识,我们认为对教师的奖励机制和惩罚机制是领导层应该学习的课程。NASULGC 研究也认为，在许多 NASULGC 的机构中，一些福利政策和激励条款的缺失显然阻碍了教师参与国际化的进程。比如，只有 16% 的参与调查的机构建立了针对富布莱特教师除学术休假之外的奖励机制（同上）。彼得森认为富布莱特奖作为提高教师国际学术活动的一种手段，其成效以后可以延伸到课堂教学中。但是，如果只是研究（教师在参与国际化活动时产生的）减薪和其他潜在的损失，比如退休金和绩效工资的损失，进而提出终止高级教员的聘期或者拿出部门的一部分资金代替富布莱特奖金，是不能解决根本问题的。真正能解决这些问题的做法是，建立全球相连的教师体系。

第二项研究是赛亚（Saiya）和海沃德（Hayward）（2002）为美国教育理事会做的。这项研究发现，在 NASULGC 报告提交的九年后依然有许多限制因素存在。

美国教育理事会的调查表明，高等院校并没有促进教师实现其课程的国际化或参加其他国际化的活动。只有不到 5% 的机构认为国际工作或国际经验影响教师的任职和晋升。此外，少于四分之一的机构设立了专项基金用于教师课程的国际化或教师去国外机构任教的补助。不到三分之一的机构为教师提供了国际化课程建设的条件，并且不到五分之一的机构为教师提供了增强其外语技能的机会或者提供了技术场地用于扩大他们国际化课程的规模。

该研究调查了 725 所教育机构，包括社区学院及主要的研究型大学。其研究结果一致表明，克服体制障碍远比平衡机构间差异重要得多，并且要融合在机构国际化的使命陈述中才能实现。

第三项研究是格林（Green）与奥尔森（Olson）为美国教育理事会解决体制障碍问题所做的研究。他们分析了阻碍学校国际化的教师因素，比如教师在上述两项研究和个体因素中所表现出来的国际化学习、个人知识和专业知识、认知能力的区别（国际研究和教师教学没有关联）。除先前提到的体制障碍，他们还强调了学校国际化中经费与人力资源的缺乏，以及制度体系与标准等问题。

此外，我还想补充一个观点。哈奇克（Hudzik）建议国际教育工作者协会（NAFSA）加强"教师和高级管理人员之间的密切联系"，同时继续坚持以往的做法，"重视国外教育服务、国际学生、人员招聘、招生及其相关政策等"（Hudzik，2009）。观察表明，在国际化办公室或高层国际事务管理人员和教师之间通常存在隔阂，这是因为这些机构的结构是分散的。换句话说，机构中的负责人往往不是任课教师，会导致国际项目缺乏凝聚力。在小规模的学校里，国际项目只涉及小范围的教职员工，这通常不会导致严重的问题。但是在大规模的研究型大学，除了那些申请富布莱特奖、准备出国留学、学习国外语言和文化的教师，大部分教师可能都不熟悉国际化办公室的工作。由于课程主要是针对教师和主管院长的，那么机构的结构和文化就可能阻断国际学术追求和提高整体课程质量的联系。

二、推动教师国际学术活动的激励因素

在大量文献研究的基础上，在克服机构和个人障碍推动教师国际化的活动中，有两件事是显然易见的：其一，仅有资金是不能解决问题的。其二，教师本身能提供更多的答案。资金对于解决很多问题都是必要的，比如运作富布莱特奖、保证教师的退休金和其他福利津贴、派遣教师参加国际会议或是研讨会、提供足够的工作人员加快国际化的进程。然而，学校的问题是结构上和文化上的，正如上一部分所提到的。美国州立大学与私立学院联合会（NASULGC）的报告指出，学校的使命宣言里应该包括国际化这一项，这也是大多数学校应该完成的。并且校长或是教务长等高层管理者应该将国际化放在优先的位置，在公开场合对那些参与到国际化活动中的教师给予认可，鼓励开展这些课程和研讨会，并且提倡校园内的国际学术合作（Commission on International Affairs，1993）。

在接下来的章节里，我们将讨论几个更好的加深教师国际化活动的模式，即教师自身通过组建咨询或指导委员会开展研讨或

者课程建设。国际化办公室需要直接与教师管理机构取得联系，并且与主要学术带头人共享信息，使得相关信息能够被更广泛地宣传，资源能够被人们所获得，这需要进行必要的研究来制订详细的国际活动及推广方案。这些努力与学校里通常需要资金和空间的其他活动不同，这需要更多的时间来协调各项工作。这些做法并不常见，但是在一些机构里可以成功。本章其他部分将介绍已经在实践中被证明切实可行的方法，如何克服障碍并且利用激励因素来推动教师的国际学术活动。

三、规划范围

如果我们对情况不了解，那么改善就是不可能的。对于教师来说，一个好的起点就是去了解校园内他们正在从事的和没有从事的事情。在某种程度上，国际化办公室在与教务长办公室或院长会的合作过程中，可以对教师国际活动进行调查。撰写年度报告时需要从教师那里获得关于从事研究、发表论文、国外任教等信息。调查应该面向活动发生地的国家，询问活动的持续时间和资金来源，并且有必要询问教师的授课内容是否与国际化有关且在专业活动中是否推动了课程的发展。

如果能通过在线的方式将调查问卷发送给国际化办公室人员或者教务长和院长，他们可能更容易回答。可能的激励因素包括：

利用教师的国际知识开发系列讲座；建立跨学科的研究队伍；为对特定的国家、民族和研究领域感兴趣的教师提供关于外部资金的信息；通过设立校长基金的方式资助开展高水平的国际化活动；帮助教师与有相同研究兴趣的访问学者建立联系。这些信息应该服务于国际化办公室和其他学术部门的年度报告。调查还应该包括教师在不同渠道所获得的经费，或是像德国学术交流中心举办的今日德国、CCIS、专业发展研讨会等。

调查将显示是否有专业或是院系没有参与到国际化的活动中，或者举办的学术活动是否只限于传统领域的研究，或是只针对语言和文化学科。这项调查会精准地分析非传统学科教师的国际化行为。除了经常参与国际活动的教师之外，那些在国际上活跃的本地教师通常在国际委员会任职，或经常参与国际组织。该调查结果也可以为政策机构提供内部资料和外部信息，进而促进教师服务于学校的国际化目标。通过一份国际化课程名单，学校可以很容易知道促进全校学生国际化经验的发展还需要做多少工作。调查也会为促进国际化筹款提供数据。例如，如果许多教师是自费参加国际会议的，可以说明需要在全校范围内对外部资金渠道进行广泛的宣传。

四、全校范围的研讨会和峰会

使教师聚在一起共同探讨他们在做的事情，实现教师之间的相互学习是促进教师国际化的最好途径。许多学校都会在开学前举行教学研究峰会，跨学科分享优秀的经验和分析常见的问题，这同样适用于国际问题的研究。跨学科的发言者带来一种外面的声音，这对会议来说是十分重要的。可以在会上通过颁奖的形式认可教师和部门的努力和成绩，进一步在管理上强调对于国际化的认同。如果奖项既有奖金又有荣誉，则可以更进一步地强调国际学术活动的重要性。部门或个人获奖可以为课程发展提供资金，也可以支持获奖者继续去国外调研，同时也会鼓励其他人。

密歇根大学弗林特分校（The University of Michigan-Flint）的一次国际峰会可以作为一个很好的例子。这个峰会邀请了学校内外的多位发言人。首先，校园国际化的重要性被确定为会议主题，随后一位在国外研修的领导做了发言。接着在午餐会时段，教师以小组形式讨论他们的国际教学和学术活动，其中包括课程的发展和出国深造经历。最后，教务长和一位外校的发言人在市政厅讨论了国际化的重要地位和为了实现接下来的目标还应该做的工作。许多建议通过这次会议被采纳，并执行。

俄勒冈大学建筑与艺术学院（Dewey and Duff, 2009）和维多利亚大学举办的国际研讨会就是两个以教师为主导的研究课程发展的突出例子。前者展示了研究型大学的重点学院调查教师的国际化活动，克服国际化带来的阻碍，同时改善自身结构和系统的相关经验。案例研究会提供在实践中易于模仿的工作方式，但是同样的案例不能在任何学校都能发挥同样的效用。后者旨在研究教师国际化中的个人障碍。运用班奈特（Bennett）的跨文化敏感度的发展模型，教师参与了一个为期5天共计40小时的研讨会。前后期的测试表明，研讨会可以影响教师对于国际化课程的相关观念，也可以增加新的内容和其他可能。

堪萨斯大学长期以来一直召开春季研讨会，鼓励教师运用国际视角申请新课题或是将国际视角融入已有项目。教师将受到专业发展活动的资助，促进他们的国际学术研究或课程发展。这种研讨会是跨学科的，好的想法都可以在会上共享。教师的参会申请和遴选是具有竞争性的。第二次关于国际化议题的研讨会在学期末的最后一天召开。参会教师的遴选也是具有竞争性的。教师也可以在会上研讨相关研究课题，其他参与者的反馈能对教师修改申报书和论文大有裨益。教师通常也能拿到参会的津贴。津贴是由国际项目办公室筹得的，每场会议能够资助约8名教师参加。

其他研讨会或讲习班可容纳更多的教师参加，专注于开设国外留学课程，为研究生和教师申请国际研究资助提供帮助，在国际刊物上发表论文，在现有的课程中开发国际模块等不同议题。

参与研讨会的教师都可以作为负责人去设计和实施一些国外课程研究工作。

五、实地考察、参加会议以及学校内部的合作

为教师创造学术机会的一个相对低成本的方式，就是举办全球性问题的学术会议。会议邀请人员名单可以兼顾国内学者和国外学者。许多院校的继续教育专业都需要规划和融资，许多费用是通过注册费补偿的。通过吸引学者到校，学校中某些部门的学术地位得到了提升，同时，教师以及学生也在论文写作与研讨的过程中受益，使新的学术思想得以传播。促进校际研究合作也是学术会议的目标。

会议也可以关注于延长长期学生交流项目，以吸引教师对此问题的研究。哥斯达黎加大学（UCR）和堪萨斯大学（KU）有一个超过50年的学生交换项目。前几年美国堪萨斯州立大学（K-State）也参与了学生交换项目，最初旨在促进语言和文化研究。该项目现已吸纳了社会福利、新闻和大众传播、政治学、教育学和生物学专业的教师和学生参与。在过去的十年里，UCR和KU分别组织了专题讨论会，2次在UCR，1次在KU。堪萨斯州立大学和其他学校的院长与教师们分享了研究成果和掌握的信息，并促进了学生交换项目的课程建设与研究工作。KU的教师们参观了

加州大学河滨分校，研究了哥斯达黎加的社会福利措施，以更好地了解其学生的需要，并学习了一些行之有效的工作模式，以解决他们工作当中遇到的、特别是与移民人口有关的问题。

除了传统的学生交换之外，由国际化部门的负责人组织、由正在交换的教师和学术管理人员参加的实地参观，也可以有效地促进研究与教学领域中的合作。他们也可以通过引进合作机构的研究与课程的方式，将以前没有参加到海外学习领域中的教师吸纳进来，进而带动海外学习项目学生数量的增加。他们还有发展新的伙伴关系的有效办法，即定位计划（Mapping Project）。通过这一计划，国际化办公室可以确定多位教师是否与有开发新课程意向的国家或地区的一所或多所大学有独立的联系。具有类似研究兴趣与研究能力，并且与潜在合作伙伴的条件相吻合的教师，都可以参与到一个调研活动中，这可以帮助国际化办公室做出合作关系是否可行的判断。由校友任教的国际化大学通常是调研的首选目标，因为这两所机构间已经具备了一定程度上的信任和其他关系，是潜在的研究合作者。

护理专业一直开设标准化的实地考察课程。吸引了多所大学护理专业教师的参与。（我们）与俄罗斯护理专业的合作项目每两年举办一次，（合作双方）在莫斯科和圣彼得堡之间组织多次实地考察，走进小村庄、大城市和大学，以考察俄罗斯护士培养的课程与实践。双方可以交换观点、增进知识、交流经验，提高容忍度和敏感性，建立新的友谊，并为职业发展做出贡献。

专业协会也有能力把来自多所高校的师资集结起来，共同推动学术合作。国家交通协会（NCA）是我所在的学科组织，为来自美国和东道国的许多国家的学者提供参会赞助。我参加了在芬兰和墨西哥的会议，后者是由一个拉丁美洲交流协会和来自几个国家的大学学院联合举办的。这两个会议都有论文交流的环节，但是论文仅关注于每个国家内部的学科领域，讨论部分涉及已经实施的研究合作。在芬兰会议之前，我们对俄罗斯进行访问，会见了几所俄罗斯高校的教师代表，他们对成立俄罗斯交流协会很感兴趣。参加这个会议的部分俄罗斯学者，随后也参加了每年一度的国家交通协会会议，并在会议上成立了俄罗斯交流协会。几位NCA工作人员和8名高校教师积极促成了研究、教学和学术出版领域中的合作。其他学科协会应该制定类似的项目。

实地考察和举办会议会促进联合学位或双学位的发展，这是可以用一整章的篇幅来讨论的问题。目前，研究生院理事会正在开展研究，以制定最佳的实践模式。联合学位和双学位的优势包括，帮助学生在两个学校获得学位或学分互认；有利于教师的交流和研究合作；有利于教师利用合作伙伴学校的实验室设备和合作工作，促进他们自己的研究。

六、培养未来的教师

如果大学要实现其国际化的目标，如果教师准备充分地利用研究与学术出版的全球化进程，那么学生在研究生阶段就必须为承担国际角色，随即进入专业职位做好准备。未来教师计划，是由卡内基基金会以及研究生院理事会在 20 世纪 90 年代发起的，很多研究型大学随后也加入其中。最初的宗旨是培养高质量的研究生，来满足包括社区学院以及能够颁发博士学位的研究型大学在内的一系列大学的教师岗位需求。现在许多大学都加入了这个国际化的组织。弗吉尼亚理工大学有一个示范性项目，充分利用了其现有的交流机构的优势，并建立了弗吉尼亚理工大学欧洲分校。该研究生院院长还安排了跨学科的学生团访问欧洲大学，以了解欧洲学校研究与教学的开展情况。他们还与高等教育协会的代表会面，了解欧洲博洛尼亚进程和高等教育改革。这只是短期的海外学习计划，但是在促进未来教师的国际化方面影响深远。

另一种促进研究生学术发展的国际化的方法就是为他们提供研究活动的资金。国际化办公室、研究生办公室以及研究办公室可以集中力量资助一些具有国际焦点的暑期研究或论文研究项目。美国国家科学基金会已经认识到科学研究日益全球化的现实，并

第九章
教师学术经验的国际化

且在 GK-12 项目[1]中增加了国际化的内容，用来帮助研究生与 K-12[2] 的教师和学生一起工作，促进数学与科学课程教学方法的改良。补助金计划包括资助那些在国外进行暑期研究和在其他国家学习数学和科学教学方法的学生。PIRE(国际研究和教育合作伙伴关系)是另一种类型的美国国家科学基金会计划，用来鼓励国际研究合作和可能的联合学位和双学位的获得。无论教师和学生都可以参加这一计划。FIPSE/Atlantis[3] 是美国教育总署和欧盟的一项联合计划，为了促进教师研究合作以及联合学位和双学位课程。国家科学基金会还有其他资助计划来促进国际合作伙伴关系。

国际化办公室、研究生办公室和研究办公室在资助计划的初期阶段进行合作是非常重要的。这样可以确保资助拨付后，交流合同可以及时到位。主要的国际化事务负责人应该熟悉联邦拨款

---

[1] 译者注：GK-12 (Graduate K-12 program) 项目是由美国国家科学基金会推动并实施的一项研究生培养相关计划，旨在让研究生更好地适应未来宽泛的职业要求，将大学教育中的拓展服务植入研究生培养中的新模式。

[2] 译者注：K-12 (Kindergarten-12)，指基础教育。GK-12 项目主要实现了研究生与基础教育教师之间的合作。

[3] 译者注：FIPSE(Furd for the Improvement of Postsecondary Education)，改善中学后教育基金；Atlantis (Actions for Transatlantic Links and Academic Networks for Training and Integrated Studies)，跨大西洋联系及培训与综合研究学术网络。

项目，与研究管理人员合作，安排教师解决国际合同相关问题，并帮助识别潜在的合作者，这就是"定位计划"能派上用场的原因。重要的是，教师要知道在他们申请学校资助之前，就应该与合作机构签订合同或就合同内容进行必要的协商。因此，国际化办公室为所有国际合同提供了一份包含所有合同条款的目录，并且每年或每学期对其进行更新。此举是十分明智的。还应该在这样的目录中增加具体合同的分步信息，或者为出于研究或教学目的而签订的合同提供一份附录。

七、与访问学者进行联系

许多大学通过富布莱特计划或青年教师发展计划等项目拥有了一批访问学者。这些学者一般依靠的是自己学校或者国家的资助。虽然出资机构与大学均要求美国学校中的访问学者拥有正式的教师身份，但许多访问学者与更为宽泛意义上的大学社区进行接触的机会并不多。所以再次强调，"定位计划"目前非常有用。如果可能的话，国际化办公室的工作人员应该查一查教师数据库，以便确定哪位教师与访问学者所在的学校与地区有联系，或谁拥有相似的研究兴趣。国际化办公室可以安排有共同研究兴趣的教师进行社交聚会，许多访问学者很乐意在课堂上讲课或参加午餐研讨会。

第九章
教师学术经验的国际化

在过去的一学期里,有两位访问学者看过我的课程讲稿。他们一直积极参与课程的制定,并把我们讨论的问题与他们国家的实践结合起来。因此,我和我的学生们因为他们的参与而受益匪浅。其中一位访问学者参与过青年教师发展计划(JFDP),她的导师和我受资助开展合作,共同帮助她在所在大学建设课程。这将扩大我们在该地区的活动范围,并进一步发展与该大学的关系。这种活动在青年教师发展计划中是很常见的。青年教师发展计划是一个非常出色的促进教师国际化、增进学术交流的项目。

八、公共关系基础

在权力高度下放的大学中,很多教师很可能不知道国际化办公室的存在,或者不了解其机构设置的目的。因此,对于国际教育来说,重要的是让更广泛的大学教师知道他们是国际学术活动的合作伙伴。向教师"宣传"讲习班、研讨会、资助计划,或海外学习导向计划的最好方式,就是形成一个可以分发到所有教职员工手中的小册子。国际化路费和学术资助的在线申请表格的网上链接,以及交流合同的目录或邀请访问学者到校的程序手册,都应该被涵盖进去。现在很少有老师分享这些材料,如果在第一页把这些问题表述清楚,教师会从中受益,也会关注到这些问题。小册子的成本不要太高,常规尺寸的三分之一即可,两种颜色就足够了，按照办公室风格进行印刷。最主要的是给教师提供信息。新聘教师可以受邀与国际事务管理人员和工作人员共进午餐（通常是到校之后的第二学期）。小册子是国际化办公室给新聘教师提供的第一项服务。在国际项目会议室中举办午餐会，将为新聘教师提供重要的展示机会。

共同治理是美国大学的根本信条。课程的改变通常需要教师在共治的基础上接受。因此，国际教育者需要了解教师治理的过程，来填补工作组与委员会之间的空隙，这是非常重要的。事实上，如果能够在治理结构中建设一个国际分委员会，以确保与国际项目的行政联系，就很有可能会引起课程的变化，或者引入被治理体系认可的新项目。任何促进学校国际化的倡议都必须要有教师的参与和领导。最好是成立由教师领导而非国际化办公室领导的委员会。

另一种帮助教师开展国际化学术活动的方法，是使其参加院系组织的会议，做有关国际项目的汇报，或者是为他们提供参加各种类型的研讨会的机会。因为项目与参与教师都在变化，所以这需要几年时间来完成，毕竟并不是每个教师都能参与新教师午餐会的。

信息共享在校园的交流中是非常重要的，可以避免重复，同时也可以促进合作。国际化办公室可以分别组建由每所学院教师组成的咨询委员会。学院院长每一学年都要任命该学院的咨询委员会成员来负责一年几次的有关学院国际化项目资料的共享事宜。咨询委员会也是国际化办公室的一种工作模式，特别是在一些研究型的、管理重心下移的大学中。国际化办公室也可以通过咨询委员会的形式，去了解其他国际化的努力与实践，并与其他部门分享那些项目信息。

九、结语

2002年的美国教育理事会报告指出，大部分(67%)的教师认为，让本科生形成国家、文化、全球的意识是全体教师的责任(Saiya and Hayward)。在学校管理层和认证机构日益强调国际化的今天，这个比例也许应该更高。报告还指出，超过三分之一的教师认为，如果花更多的时间培养学生的国家、文化、全球意识，将会导致基础教学时间的缩短。还有25%的人认为，前者不是美国教育的必要组成部分。因为教师总是热衷于从事那些会获得奖励的事情。过去对于教师晋升、任期以及其他国际化制度性障碍的研究所取得的结论不容忽视。没有一个单独的机构可以将国际学术活动和教师希望承担的责任完全联系起来。前面提到的实践尝试也可能不会增加国际活动中教师的参与程度，随之而来的结果是，大部分学生在大学里无法获得国际经验。

在这一章中提到的大部分优秀的实践模式，直接将国际化和教学、研究、服务联系起来。所以，传统的激励结构和国际活动不会存在冲突。实际上，很多项目给教师增加了提高学术生产力的机会。此外，教师对于给学生传授在全球经济社会中生存必需的"技能"持抵制的态度。如今，这种"技能"可以被重新界定为对学科知识的创造与传播，以使学生具备重要的判断能力和对文化的适应能力。在日益多样化的美国以及全球社会中，这些能力是非常重要的。大学国际化的关键就是教师。20世纪的通识教育被视为大学的标志。只有21世纪的国际化具备了同样的地位，教师这个关键因素才能发挥作用。只有推动校园之间的对话、支持国际化活动、提供适当的奖励，教师国际学术活动才会在大学中生根发芽，进而使为学生提供国际化教学的目标成为现实。

参考文献

[1] Bennett, Milton J. Towards Ethnocentricism: A Developmental Model of Intercultural Sensitivity[C]// Education for the Interculture Experience. Yarmouth: Intercultural Press, 1993.

[2] Commission on International Affairs. Internationalizing Higher Education Through the Faculty[R]. Washington, DC: National Association of State Universities and Land-Grant College, 1993.

[3] Dewey P, Steohen D. Reason before Passion: Faculty Views on Internationalization in Higher Education[J]. Higher Education, 2009,58 (4): 491-504.

[4] DiFazio R, Boykova M, Driever M J. International Education: Developing Site Visit Guidelines to Enhance Understanding[J]. The Journal of Continuing Education in Nursing,2009,40 (2): 91-95.

[5] Francis A. Facing the Future: The Internationalization of Post-Secondary Institutions in British Columbia[R]. Vancouver: British Columbia Centre for International Education,1993.

[6] Green M F, Christa O. Internationalizing the Campus: A User's Guide[R]. Washington: American Council on Education,2003.

[7] Hudzik J. Reshaping International Education[J]. International Educator, 2009(5-6):4-6.

[8] Saiya L, Fred M H. Mapping Internationalization on U.S. Campus[R]. Washington: American Council on Education,2002.

[9] Schuerholz-Lehr S, Caws C, Van Gyn G, et al. Internationalizing the Higher Education Curriculum: An Emerging Model for Transforming Faculty Perspectives[J]. Canadian Journal of Higher Education, 2007,37 (1):67-94.

第十章
吸引留学生：主体、对象、时间、地点、
理由与策略

查尔斯·E. 菲尔普斯

查尔斯·E. 菲尔普斯，1965年于波莫纳学院获得数学学士学位，1968年和1973年在芝加哥大学先后获得工商管理硕士学位（医疗管理方向）和商业经济博士学位。菲尔普斯从1971年在兰德公司开始研究生涯。在这一时期，他帮助创立了兰德卫生保险研究计划，并担任兰德公司项目政策制度监管部门的主管。1984年，菲尔普斯被调到罗切斯特大学的经济与政治科学系工作。1984—1989年，他担任公共政策分析计划负责人。1989年，菲尔普斯教授被任命为罗切斯特大学医疗与牙科学院社区与医疗防治系主任。在这些年里，菲尔普斯教授已经发表同行评审论文36篇，文章领域涉及卫生经济、卫生政策、医疗决策分析及其他相关主题。他还撰写

第十章

吸引留学生：主体、对象、时间、地点、理由与策略

了一部该领域的前沿教材——《卫生经济》（Addison Wesley 出版社），截至2009年已发行第四版。1991年，菲尔普斯教授被选入国家科学院医学研究所工作，同时也被聘为国家经济研究所的研究员。1994年，菲尔普斯教授被任命为罗切斯特大学（首席学术办公室）教务长，并一直任职至2007年8月。与此同时，他还被授予大学荣誉教授和荣誉教务长，并担任至今。本书出版之际，他在斯坦福大学行为科学高级研究中心休学术年假。

我想当然地使用了一系列传统新闻关键词作为标题。这些关于美国大学吸引留学生的每一个关键词都值得好好研究，我希望本章内容会给读者些许启示，题目的顺序会有所调整，我希望能启发读者思考更多的、与引导留学生走进校园相关的问题。让我们开始思考大学从事留学生教育背后的逻辑。

一、留学生教育的目的（为什么大学和学院应该从事留学生教育？）

显而易见，留学生教育是学校教育的核心任务之一。如何开展"多样化"的教育活动？如何理解"多样化"？如果"多样化"仅指美国学生内部的"多样化"，那么就没有必要思考留学生教育，或者这种思考意义不大。

把留学生作为"多样化"概念的组成部分，会带来积极的效益。

首先，它可以丰富学生在校园里的经验，当然更不用说拓宽教师和员工的视野了。随着世界在国际贸易、旅游、通信、大型传媒等方面变得越来越国际化，学生对其他文化的熟知也将有助于他们理解日益全球化的世界对他们生活的影响。留学生带来的不同的见解可以在校园讨论与课程中扩宽每个人对于社会问题和伦理问题的视野。

国际化还可以为校园的多样性提供重要的法律保障。继美国最高法院做出重要高校招生裁决[1]之后，许多学院和大学都在教育使命陈述中支持多样性的价值观。例如，在罗切斯特大学，经过广泛的校园讨论，教师赞同并授权委托人发表了一份关于这个问题的教育理念声明。报告提到（部分）：

> 我校宝贵的历史遗产……引导我们积极地寻求和吸纳那些拥有不同背景且具有自身价值和发展前景的人……（我们相信）只有当个体作为平等的社会成员，能够探索与分享他们的经验和思想，不受偏见与歧视的影响，有效的调查才能实现。因此，我们对于卓越的追

---

[1] 译者注: 1996年，白人女性格鲁特（Grutter）申请入学密西根大学法学院，被列在等待录取名单内。后密歇根大学因少数族裔优惠制度拒绝了格鲁特的入学申请。格鲁特起诉至地方法院，认为其少数族裔入学优惠政策违反了宪法第十四修正案的平等保护条款，是一种歧视行为。最终联邦最高法院做出密歇根大学入学政策并未违宪的判决。

第十章
吸引留学生：主体、对象、时间、地点、理由与策略

求要求我们创建并支持由教师、学生和职员组成的联合体，每个人都需要各自及共同地为提高多样性而努力，这样才能使自己和我们的社会变得更好。

这种教育理念声明不仅阐述了该机构多样化办学的特征，而且体现在招生的许多方面，包括学生的种族、性别、民族和国际背景、区域和文化背景以及不同类型的能力。但是，如果多样化仅指对于来自美国国内少数群体学生的招生与支持的话，学校的努力有可能与最高法院的裁决相抵触。因此扩大关于多样化的视野，吸纳更具多样化的留学生，可以进一步帮助学校实现传统的多元化目标。

世界上一些国家拥有一批非常有才华的学生。如果学校能够筛选出这些学生并且吸纳他们进入美国学校就读，那么学校的学生素质会有大幅度的提高，对于学校的学生和教师来说都将是一笔无形的资产，更能提高机构的声誉。无论是现在（从"学校简介"和影响后来的学生来说），还是将来，他们都是最成功的一批校友。

许多留学生赴美学习不需要任何财政援助。因此（也许），对于管理者来讲，这种吸引外国留学生的方式达到了双重目标：既提升了课堂教学质量，又降低了"贴现率"（可预期的学费收入会增加）。

239

这些留学生不仅使我们的校园更加多样化,还能增长学生的智力和洞察力。留学生和国际教师(大部分是在美国取得博士学位后任职的)对于我们的大学和学院来讲,是重要的人力资源。例如,美国罗切斯特大学的一项研究表明,通过对近五年内美国各大学的专利申请进行分析,留学生参与专利申请非常重要。有42%的专利发明者并不是美国公民。专利申请表格上有超过一半以上的研究生来自其他国家。自2000年以来,授予罗切斯特大学的所有专利里,大概有三分之一的专利至少有一名外国学者参与研究(Jacobs,2005)。相同的情况还出现在杂志刊物、科学报告、会议简报,以及其他形式的学术交流中。换句话说,如果我们不能把留学生吸纳到教育过程中,那么我们就会错过很多宝贵的人才资源。

二、留学生的生源结构(哪些学生?从哪儿来?到哪儿去?)

关于"从哪儿来"和"到哪儿去"这样的问题具有不同寻常的深层意义。想要回答这些问题,我们要根据近期数据对美国学院和大学的留学生的来源地和目的地进行研究。

(一)留学生来源地

根据表10.1的数据显示,近年来留学生来源的国家和地区比较集中,大多数来自印度、中国大陆、韩国、日本和中国台湾地区,还有美国的邻国加拿大和墨西哥[①]。来自排名前八位的国家的学生占据了在美留学生总人数的一半。

表 10.1 外国留学生的主要生源地

序号	生源地	2004—2005 年	2005—2006 年	占总百分比（2005—2006 年）
1	印度	80466	76503	13.5
2	中国	62523	62582	11.1
3	韩国	53358	58847	10.4
4	日本	42215	38712	6.9
5	加拿大	28140	28202	5.0
6	中国台湾地区	25914	27876	4.9
7	墨西哥	13063	13931	2.5
8	土耳其	12474	11622	2.1
9	德国	8640	8829	1.6
10	泰国	8637	8765	1.6
11	英国	8236	8274	1.5
12	中国香港地区	7180	7849	1.4
13	印度尼西亚	7760	7575	1.3
14	巴西	7244	7009	1.2
15	哥伦比亚	7334	6835	1.2
16	法国	6555	6640	1.2
17	肯尼亚	6728	6559	1.2
18	尼日利亚	6335	6192	1.1
19	尼泊尔	4861	6061	1.1
20	巴基斯坦	6296	5759	1.0
	世界其他地区	161070	160444	28.3
	世界总计	565029	565066	100.0

资料来源：国际教育交流网站

许多留学生因为研究生学习和专业研究来到美国，但是对于

[①] 本节大部分材料来自我早期撰写的《TIAA-CREF 高等教育兴趣的国际竞争力》。

本科教育的需求也在持续上升。其中最明显的原因是全世界人口的增长以及大学高等教育完成率的上升，源源不断的学生为美国高等教育创造了一个重要的机会。

世界上的受教育人口正以惊人的速度增长，其中高中教育增长主要出现在亚洲地区（特别是中国和印度）。中国目前拥有世界上最多的人口，约14亿，以每年0.5个百分点的速度增长。印度是第二人口大国，人口总量约13亿，以每年1.1个百分点的速度增长[①]。这种趋势将使印度在短短几年中成为世界上人口最多的国家。中国和印度这两个国家已经拥有世界近八分之三的人口，尽管这些国家按人均计算没有美国和欧洲那样富裕，但是他们一起创造了约占世界五分之二的国内生产总值（这里指的是购买力）。此外，他们扣除通胀因素的经济增速非常快：中国是8%，印度为4%，而美国是0.4%。虽然世界其他国家和地区也很重要，但是从经济的规模和增长来看，这两个国家已经成为美国高等（留学）教育的重要来源国。

举一个更为生动的例子：根据最近的估计，13亿的印度人中近三分之一是14岁以下人口，并且这部分人的比例在快速增长（出生率是22.7‰）。印度人口的平均年龄小于25岁。相比之下，中

[②] 所有针对具体国家的经济和人口增长的数据源于世界银行网站。具体数据经译者校正。

第十章

吸引留学生：主体、对象、时间、地点、理由与策略

国拥有更低的出生率（13.5‰），并且15岁以下人口仅占总人口的20%，平均年龄小于35岁。因此，印度有大约3.5亿人口处于"K-12"教育阶段。然而中国在相同教育阶段中的人口仅为2.5亿。如果计算高等教育在校生人数的话，印度已处于世界领先地位，而且他们的领先地位会随着高出生率持续增长。

我们进一步解释这种高等教育的发展趋势。在印度，每个年龄段的人群（例如，18岁）大约有2400万人。差不多一半的青少年都完成了中学教育，并且大概有10%（这个数值随着时间的推移而增长）进入中学后教育[①]。因此，基于非常全面的数据显示，印度目前至少有1200万名18岁的青少年接受中学教育，250万名青少年接受中学后教育[②]。

这些数字会随着时间的推移而增长，而且可能是急速的增长，这源于两股力量：第一，固有的人口增长率将影响每个年龄群人口的增长规模；第二，可能也是更重要的一点，印度公民由于经济财富水平的上升（因为全球化经济的加速发展），越来越多地为自己的子女寻求更多的高等教育机会。高等教育是一种奢侈品。随着收入增加，他们对大学教育的要求也会越来越高。

---

① 数据来源于世界银行教育统计数据库。

② 根据表10.1回顾，2005—2006年美国大约有7.6万名学生来自印度，不到印度中学后学校教育的3%。

相比之下，美国的高等教育适龄人口保持了静态的发展，而且人口预测显示，随着时间的推移，第二代"婴儿潮"通过了高等教育系统之后，其人数还会进一步下降。大多数预测显示，美国高中毕业生人数略有下降，在未来几年，这样的数字变化会越来越明显，特别是在东北部地区，而南部和西部地区这样的现象较少。全面的数据显示，美国18岁人口数大概有400万，几乎所有都接受了中学教育，并且约300万人（70%~80%，计量单位视情况而定）接受了一定形式的中学后教育。美国的学院和大学每年颁发约270万个学位。

通过这些数据的比较，印度的"本科就读"人数已经与美国相当。随着印度本科就读率的增长，他们参与中学后教育的学生数将很快超过美国的学生数，从目前10%的水平跨越到一个更高水平。由于美印两国不同的人口增长比率，印度的相对规模会随着时间而增长。

中国的情况有些不同，年龄在18岁的人口"仅"为1800万。增长速度是远低于印度的。然而，中国接受中学教育的人口的增速非常高。据世界银行最新估计，目前中国约有75%的青少年接受中学教育，20%的青少年接受中学后教育。因此，中国18岁的青少年接受中学后教育的人数约为360万，这个数值已经高于美国。中国迅猛增长的经济（世界银行估算每年6%~8%的真实比例）将

第十章

吸引留学生：主体、对象、时间、地点、理由与策略

加速年轻人接受高等教育的比例。

要强调高等教育入学增长率的变化，就要考虑到三个国家高等教育适龄人口比例的时间变化（表 10.2）。在这里，我想要重申并强调，高等教育适龄人口比例在发展型经济体中将迎来大规模的增长。财富刺激了高等教育的入学能力与愿望。我们期待这些比例与时俱增。相比之下，其他具有代表性的国家主要包括（排名顺序）：韩国（90%）、瑞典（82%）、俄罗斯（71%）、加拿大（62%）、以色列（58%）、法国（56%）、日本（55%）、土耳其（51%）和德国（46%）。如果中国在 25 年之内，甚至更快地出现在这个名单上，我丝毫不会感到惊讶。

表 10.2　高等教育参与率　　　　　　　单位/%

	1985 年	1995 年	2005 年
中国	2.9	5.3	20.3
印度	6.0	6.6	11.4
美国	60.2	80.9	82.7

综合其他国家的数据发现，虽然其数字不引人注目，但却具有广泛的相似性。潜在的高等教育机构在读人数规模较大，且不断增长（除非对全球高等教育设施的投资远远超过我的预期）。至少在未来的十年内，美国的大学和学院将在世界高等教育全球化中获得更多的收益。我们的大学会授予更多的研究生学位。

总而言之，我们发现，接受高等教育的学生数量在全球范围

内的增长将会拓宽高等教育的整体市场。如果美国不对正常的学生流动进行管控（如后"9·11"时代所采用的手段），我们的高等教育机构很可能招收越来越多的外国留学生。

几个世纪以来对国际贸易的观察也会得出一些经验。当一个国家的生产活动比其他国家更高效，他们往往专注于生产的内部需求和出口到世界各地。只有人为的贸易障碍会阻碍这些贸易流动。这些贸易流动更容易出现在制造产品和商品（矿石、粮食等）中。而那些服务，特别是要求个体购买者亲自参与的服务（如理发、餐饮、教育及外科手术等）则不然。如果我们没有因为增加外国学者来美国的难度（例如通过移民控制），迫使他们转向其他地区接受高等教育的话，美国还可以继续成为高等教育服务的主要输出者。

在美国，我们有一个优势是其他许多国家难以复制的：世界上大约有4亿人口是以英语为母语的，还有同等数量的人以英语为第二语言。一些评估显示，世界上至少有四分之一的人都能说英语。因此，在英语国家实施教育自然会吸引世界各地的学者。现在，其他发展中国家的大学日益加强了与美国大学的合作，当中不少人无论自己的母语是什么，事实上他们都在讲英语。

（二）留学目标校的选择

许多到美国就读的留学生，不是选择综合性大学，就是选择大城市的学校。一份数据显示，大约一半的学生攻读博士或专业硕士学位，将近一半攻读学士或文科副学士学位。研究生和专业学位学生就读于我们的大规模的综合性大学。其余一半攻读本科或副学士学位的学生，为了避开小学院的环境也涌向了综合性大学。大约有 60% 的本科留学生在博士学位授予机构学习，另外有 17% 的本科留学生在硕士学位授予机构学习[1]。因此，每 8 个留学生中仅有 1 个人在只能授予本科学历的机构学习。然而，这些博士、硕士授予机构仅占全部高校数量的 30%，其在读学生数仅占全体学生的 43%[2]。数字之间的差异是非常明显的。因此，在能授予博士、硕士学位的大学中，本科留学生的"密度"是那些纯本科教学型大学的两倍。

虽然没有数据能验证这一点，我猜想那些在小的学院学习的本科留学生，做出这一选择的目的是寻找进入附近大城市的机会。因为这将会提高他们找到协助他们适应新国家的有关种族、文化、社区和资源的机会。我会在随后的章节中详细分析这一问题。

三、时机的把握

推进留学生教育的时机，与学校的国际化战略有关。有一些高校的管理者并不打算推进这项工作，因为他们认为（有些情况

---

[1] 资料来源：国际教育交流网络，《国际教育交流报告》（2006）。
[2] 这些分类数据来自卡内基基金会。

下确实如此），提高留学生的入学率不会提升他们学校的比较优势。

对于那些想拓展国际参与度的学校，我的建议是"在财政允许的条件下尽快推进"。我非常关注当前的经济状况。大规模的经济滑坡席卷全球，也对高等教育产生了深远的影响。但是，我们的优势是可以迅速采取行动。

首先，如前文所述，机会就在如印度、中国等的一些国家中，符合高校入学标准的学生数量将在几年内快速增加。最终，这些国家将开发自己的资源留住优秀的生源，但在等待的同时也要抓住当前的机遇。

接下来美国的学校会在其他国家进行大规模的招生工作，这些努力需要花费时间和资源，而且该领域的竞争会越来越激烈。这看起来就像在做一个具有相当大回报的"先行者"的活动。从某种程度上来看，"先行者"们有一个巨大的优势，就是使留学生成为他们非正式的营销商。因为当学生放暑假或由于其他学术原因休假回国时，他们往往会回到自己的学校谈论他们的留学经历。如果他们的留学经历很好，那么他们就将成为你的一线销售队伍。"先行者"获得这些非正式营销人员后就可以发展第二代销售队伍，然后依此类推。

最后，当这些留学生返回自己的国家时，他们不但成为另一种类型的营销力量，也可以作为代理人进行面试，帮助你来评估未来学生的技能和态度。我将在第五部分中更多地讨论这方面的问题。

四、留学专业的选择（留学生需要学习什么？）

在研究生阶段，留学生所选的专业主要集中于工程和科学领域。表10.3显示了博士学位调查的相关数据（美国本国学生占全体入学学生人数的百分比）。在工程学领域，近70%的博士生都是留学生。另一个极端的例子是，在人类学、教育学相关领域的博士生中，仅有八分之一是留学生。通过这些数据可以很容易地得出结论，社科类博士生中留学生的比重不到三分之一，大部分留学生集中在理工类学科。有趣的是，在自然科学领域，留学生也有明显偏好，主要集中于物理科学（而不是生命科学）。

表10.3 美国大学授予本国学生博士学位按专业分类占比   单位/%

	1985年	2005年
所有博士生	74.7	60.9
物理科学	67.3	48.0
生命科学	76.4	63.5
物理和生命科学	72.4	56.9
工程学	38.5	31.2
科学和工程学	64.4	49.7
社会科学	79.4	70.3
人类学	83.5	82.5
教育学	85.6	82.5

资料来源：美国国家科学基金会，获得博士学位调查，2006年

虽然没有数据能够证明，但是我猜测本科生对于专业的选择与博士生的数据特点非常相似。留学生（以及第一代出生于美国的学生）优先倾向于选择那些能帮助他们立即进入劳动力市场并取得相对高收入工作的专业，特别是工程和商业专业。美国大学的文科教育与世界其他国家的教育不同。在很多方面，我们把学生在大学期间获得多元知识的能力视为我们所享有的财富水平的副产品。学习人文学科是很奢侈的，它并不是来自海外家庭的很多学生能负担得起的。

此外，与美国学生相比，留学生学习人文学科很有可能效率不高。首先，他们的英语能力很可能弱于他们的美国同学（虽然也并不尽然）。第二，在大部分文学和艺术研究中，留学生缺乏美国学生普遍拥有的历史背景。美国的许多习惯用语很难用英语转化。习惯用语始终是语言学习中最困难的部分，而文学中更是充满了习惯用语。因此，即使留学生的英语水平很高，并且作为第二语言在使用，但他们还是常常会在理解文学和艺术的习语上需要更多帮助。正是认识到这一点，他们才可能更愿意选择那些不需要太多文化共性且同样重要的学科，如数学、科学和工程学等。

五、开展留学教育的具体举措（如何招收、留住、教育、支持留学生？）

学院或者大学可以采取哪些措施促进留学生教育的成功呢？

第十章

吸引留学生：主体、对象、时间、地点、理由与策略

虽然每所学校所采取的方法和步骤都有所不同，但是所有成功的留学生教育实践都存在一些共性。我们对学校在留学生教育领域中的一些共同选择进行讨论和分析。

（一）招生

学校仅简单地在自己的网站上发布几页招生信息用以吸引留学生的做法成效不大。更为集中化的努力会产生更高的回报，学校需要在这方面深化思考。

（二）英语能力

英语书面和口语能力有多重要？学校对此又是如何评价的呢？很显然，英语作为外语考试（托福），考查了学生对信息处理的基本水平，但仅停留在书面英语的层次。课堂教学主要依托语言的交流，所以英语口语理解能力是比较重要的，不过这取决于研究领域。实际上，技术领域对于留学生来说可能更容易一些，因为数学语言在许多社会和技术情境中是通用的，在很多语言中的发音也是类似的。

如果学生进入研究生教育阶段并希望可以上课，那么口语能力的重要性会逐渐突显。如果学生讲英语的口音很重，发音问题很多，他们在美国就只能拿到非常少的助教费用，这样（在一些机构中）会影响他们争取财政援助（常常取决于对教学的参与水平）的能力。只有通过一对一（最好是面对面）的访谈，才可以

很好地判断学生在这方面的沟通能力。一些留学生的研究生教育计划需要招募人员开展针对学生的个人访谈。要么专门派人到某些国家或申请人的所在国，要么借校友之力完成面试。以互联网为基础的视频会议技术的出现，将可能大大改善这些问题。当然，Skype等互联网电话服务现已在世界各地普及，任何学校或专业都希望学生具备较好的英语语言能力，至少用电话进行采访的时候他们可以轻松应对[1]。

（三）财政援助

本科生的经济援助与研究生和专业学位学生大为不同。许多学院和大学规定，留学生教育是全自费项目。因为很多高校对于优质留学生的竞争很激烈，所以我们期待在全自费这一方面看到一些改变。在本科层次上，高校可能会寻求成功的国际校友，请他们为"后续"的留学生提供资助和奖学金评审（理想状态下应该为任何一个国家的学生提供资助，但现实中如果有学生来自校友所在国的话，会更容易获得资助）。

在研究生层面会面对完全不同的阻碍因素。首先，许多自然科学领域中的研究项目，给博士生提供了资助（国家健康研究所为生物科学领域提供资助，国家自然科学基金会为物理和工程领

---

[1] 正在通话的人并不一定是真正的申请人，视频会议在这方面提供了进一步的保证。

域提供资助）。因此，留学生可以移民来美作为实验室助理，那里的工作对于语言的流畅度没有过多的限制和要求。

在社会科学和人文学科领域，大部分的研究生并不依赖于外部基金。他们经常从事本科生助教工作，但教学岗位通常会对语言水平提出明确的要求。如果研究生的英语口语比较差，就会在学院内部引起很多问题。因为给本科生分配语言能力差的教师会给本科教育教学任务造成影响。但不允许这些学生包括一些毕业后打算留校执教的研究生从事课堂教学，则对研究生教育任务造成损害（解决这一问题的最佳方法，就是在研究生入学前进行英语口语能力测试，对其英语语言能力做出直接评价）。

（四）旅行和签证

虽然我们认为留学生会自动成为一个"旅行通"，但是他们有时可能高估了自己的技能和经验。最主要的困难在于签证。签证规则规定了很多签证失效的方式（因此，如果学生回国一段时间后，很有可能无法再次进入美国）。

学生签证最常见的类型是 F1。它一般发给学术型专业或作为第二语言的英语专业中的全日制学生。进入职业培训学校的学生通常会得到 M1 签证（J1 签证一般颁发给博士后和访问学者，这会对美国大学产生一定的影响）。当学生被录取后，学院或大学会帮助学生向美国移民局（INS）申请 I20 表。I20 表包括该学生的学习细节（培养计划、预计获得学位的时间等），如果其中任何一个细节发生改变，学生和学校的整体工作都会随之改变。

学生时常会遇到签证问题。一个好的留学生项目会积极地帮助留学生解决这个问题。最重要的是，学生必须完成全日制的学习：每年三个季度或两个学期的全日制学习（由所在学校定义）。虽然有时学生可以保留学籍进行半工半读学习，但这样做难度很大，不应该等到最后一刻再完成学业。

由于 F1 签证是入境证件，当一些全日制留学生降为半工半读身份并回国探访时，就会比较麻烦。因为如果他们所在的学校通知了移民局其身份的改变，他们会无法再次进入美国。所以保持对留学生的全日制学习情况进行跟踪，并阻止他们去承担兼职工作，是非常重要的。

如果学生改变了学位培养计划，无论是横向上的（从一个生物化学硕士变为一个生物化学工程硕士），还是纵向上的（从一个硕士变成一个博士或从一个博士变成硕士），类似的问题也会出现。如果学生有意转校，甚至会出现更多复杂的问题。所有这些计划的改变都需要联邦表格（I20 或者 DS2019）编档保存，这也对计划调整有益处。

如果允许发放 F1 签证的条件发生变更或失效，学生只有 15 天的宽限期可以留在美国（签证允许的 J1 可以有 30 天的宽限期）。

第十章

吸引留学生：主体、对象、时间、地点、理由与策略

如果学生降为半工半读身份或没有编档保存就改变方案，那么他们会短期（15或30天）丧失获得批准的签证身份。针对这些问题的处理，可以事先寻求学校国际化办公室的帮助。

最后，持F1或J1签证的学生在校园内有（每周）20个小时的打工时间（这是因为希望学生在一直保持全日制身份的同时有一份工作作为保障）。在就读9个月之后，通过学校和个人的申请，他们可以在校外工作，但（每周）20小时的限定时间仍然有效（在暑假或其他学校假期中可以扩展到每周40小时）。

（五）校内支持和培养

一个有吸引力的、高效的留学生培养计划，应更多地对每个阶段、每个部门与学院的留学生给予关心和支持。许多大学将这些服务整合到国际教育学院的中心办公室（或类似单位），但是许多相关功能（如博士培养中的学术支持），只有在学院层面才能很好地被监控。一个有效的学生培养计划将把所有相关机构和信息联系在一起。

在任职罗切斯特大学教务长的13年中，我的一些体会可能超出了很多教职员工的经验范畴。因此，我试图对留学生在学术和校园支持中可能遇到的困难进行分类论述。

（1）了解有关美国学术诚信的准则

许多留学生对美国学术诚信体系缺乏了解，尤其是有关抄袭

的部分。引文标准从一种文化到另一种文化差异很大,一个好的留学生培养计划不仅要在学生就读时就为其提供相关信息,而且要定期强化学生的理解。

(2)了解美国的医疗卫生系统

在发达国家中,美国是少见的没有全民医疗保险的国家。来自其他国家的学生在获得医疗卫生服务方面的传统经验千差万别。因此,对强制学生缴纳保健费或购买独立的健康保险的做法,学生似乎会觉得不适应。大多数美国学院和大学除了要求学生支付主要的学生健康保险外,还要另支付学生健康服务费用。财政政策上的分歧很可能会使许多留学生产生混淆。良好的沟通(至少)将有可能避免产生高额的医疗成本。这显然是在重大疾病发生前最好的预防做法。学生及其家人(主要是研究生的家人)会遇到一些特殊问题。因为留学生与家人是不能购买美国医疗险与附加儿童健康保险等项目的。

(3)吸烟文化

美国的大部分公共场所都有关于吸烟的规定,并远远超过其他国家对这方面的限制。有时甚至会对高校校园施加比地方或国家法律规定更为严格的关于吸烟的规定。留学生看到他们的吸烟权利遭到破坏时,对这些法律和规则可能会产生愤怒。对于我们长期形成的这些规则,大部分留学生表示出了反对意见。因此,在留学生进入校园之前要与他们进行沟通和讨论,帮助他们理解我们现行规则产生及运行的原因,以及满足他们在规则范围内吸烟的界限要求。学生健康服务也可以专门针对留学生的担忧和疑惑,为他们提供戒烟方案。

(4)社区意识

我们很少有人会喜欢孤独。生活中有许多事情都可以抵御孤独,正像部分留学生愿意分享他们本国的文化、历史、饮食偏好、语言和宗教信仰等。这给留学生的招生和支持工作提供了一些启示。

之前我讨论过,留学生倾向于在能授予博士和硕士学位的综合性大学就读,而不愿意选择四年制学院,即便是本科生也是如此。其中几乎可以肯定的原因不在于这些大学机构的良好的声誉,而是学生可以在学院中找到可以融入其中的大学社区(Community)。位于新英格兰地区、俄亥俄州、北达科他州、俄勒冈州和佛罗里达州偏远小乡村内的学院不可能为留学生提供类似的社区。虽然相对偏远的地区也有很多学术资源,但是他们不会成为留学生的首选。

解决这些小学院问题的一个方案,就是集中在一个或几个海外国家招募新的留学生。这样做有很多益处,包括降低成本等,最主要的是它会形成一个具有共同文化和深远意义的社区。

来自不同国家的留学生有不同的需要，如饮食偏好和宗教信仰。一个好的留学生计划应意识到他们的这些需求，并且提前做好适当的准备。

宗教节日往往会形成一种相对复杂的节日时间表，特别是有些节日会与学生的宗教假期重合。虽然他们可能很高兴有更多的时间过传统的美国节日，但是更多时候他们会发现没有人知道属于自己宗教的特殊日子。因此适当了解他们的宗教行为习惯并通知教职员工就变得尤为重要。例如，一个教师让学生在伊斯兰教、印度教神圣的日子中参加考试，并且拒绝让学生参加补考，可能会使他留级并错失成功的机会。

通常来自同一个国家的留学生会聚集，这种行为的缺点是他们有可能形成派系，将其他人拒之门外。这显然违背了留学生教育的目的，如果有这样的极端情况发生，高校管理者可以做些什么呢？首先，校园应该清查所有的学生团体，包括一切国际或其他组织。此外，教师和工作人员都应该成为这些学生的顾问，教导他们走出"派系"的思想困境，以及帮助引导他们融入集体。

（5）饮食习惯

犹太教和伊斯兰教的饮食规则是相似的，都需要按照宗教规定禁吃猪肉和宗教专业人员屠宰动物。当地的宗教代表可以通过在校园准备相应的食物来满足宗教信徒的要求。另外，还有许多

第十章

吸引留学生：主体、对象、时间、地点、理由与策略

有其他信仰的留学生是不同程度的素食主义者，当然现在大多数校园提供素食，所以关注这些服务并进行宣传对于吸引留学生来说是很有必要的。

（6）多种多样的庆典

如果学校已经拥有了一个国际化的学生群体，就要寻找机会为这些多元化群体进行庆祝。这对于学生来说是非常好的。许多高校网站有时故意以含糊的语言来宣传其留学生的现状，如一个网站描述：有1100个学生来自"29个不同的国家"。其中，留学生很有可能连总数的3%都不到。而另一个网站统计了"拥有国外成长经历的留学生和美国学生"。这其中可能包括（例如）在海外军事基地长大的军人家属。这样的学生与其他学生相比，可能拥有不同的生活经历，而这些经历使他们可以为校园带来多样性的节日文化。

可以采取多种形式进行校内庆祝活动。我一直推崇几年前罗切斯特大学的西蒙商学院（William E. Simon）采用的一种方法。西蒙商学院有一个具有丰富多元化的MBA学生群体，吸引着世界各地的留学生。西蒙商学院让来自不同国家的学生举办"文化日"，他们会穿着各自国家的传统服饰出现，提供家乡传统菜肴样品，并在某些特定情况下表演本国的传统舞蹈。这种方式有助于将不同的国际文化融合在一起，而且多年来这种方法被证明很受欢迎。

在规模较大的院校，特定的种族、地区、宗教的俱乐部可以发挥同样的作用。因为他们可以定期举行集会、晚宴等，通过幻灯片展示他们的家乡特色，以帮助学生了解彼此国家的文化和历史。这些俱乐部具有为来到美国学习的学生创造一个"群体效应"的功能，在有新困难的情况发生时，可以帮助学生们抵御孤独感并为学生们提供相互支持的机会。即便校园并不足够大，也可以考虑创建类似组织。然而如果这些组织仅仅是有相同背景的学生的领地，那么其俱乐部价值会被弱化。高校管理部门可以在许多方面鼓励这些俱乐部的开放，这样的支持可以提高校园的多样性价值。

通常可以将学生聚集以形成一个大团体。在一个小的学院环境中，例如一个地方高校的联合体，通过给来自韩国的学生提供学院之间的交通服务，创造了类似组织。这是一种跨校性质的"韩国俱乐部"。俱乐部可以为很多学校提供相同的"延伸性"的校园活动，就像单个学校内部的俱乐部的功能一样。

例如，地处相对偏远地区的院校不太具备这样的机会和条件，此类学校可以考虑以地理区域聚合，从而建立（例如）"南美洲和中美洲俱乐部"或"环太平洋地区俱乐部"这样的组织。虽然其目的或功能与以特定国家名称命名的俱乐部不相同，但是这些聚集组织可以在许多方面以"纯粹的形式"展示相同的功能。

（六）科学领域的特殊问题

（1）受限材料和"视同出口"（Deemed Export）

让国际学生、博士后研究人员和实验科学的访问学者参与进来，会带来一些潜在的风险，其中大部分是接收留学生或博士后的相关部门可能不太了解的。这些问题大多集中在获取可能被认为对我们国家安全有危险的材料或专业知识方面。

例如，大量生物和化学物质以及可能用于制造这些物质的技术都有可能造成伤害。政府的政策法规不仅仅用于规范化学和生物材料，还包括导弹技术和核技术，一般称其为"国家安全"问题。最后一个问题是"视同出口"[①]，它与技术相关，同样引发了大众的担忧。对来自不同国家和地区的学者和学生，法规所涉及的范围会有所不同。全部材料的清单都需要出口许可证。此外，技术（和软件源代码）尤其可能会被用来制造具有危害性的东西。技术被掌握，甚至是使用说明书被阅读都可以"视同出口"。

很多大学在该领域内的研究都是在学校监控下开展的。但是研究性机构也应该定期开展审核工作，包括对学生与周边从事研究工作的其他学者的国籍进行审核等。

（2）资金

如前所述，外国人在美国很难获得教学补助。而那些定期在

---

① 译者注：指在美国境内发生的国外商品交易行为，也算是出口行为。

实验室和其他学科领域从事研究的博士研究生和博士后研究人员才具有获得支持的资格。拥有"绿卡"者可以从许多其他来源申请研究经费,但是教学补助的申请常常会受到限制。因此,当一个机构在这些领域向留学生敞开大门时,他们必须提供内部资源支付学生的助学金。

(3)海外爆发的流行性疾病

另外一个复杂的问题是,留学生如何应对海外突发性的流行性疾病。以下就是过去几年屡次发生的病症,例如,埃博拉病毒、严重急性呼吸系统综合征(非典)、禽流感等,这些疾病也可能在未来再次爆发。2009年初发生于墨西哥的猪流感疫情在未来几年中仍然存有全球大流行的危险。眼前最亟待解决的问题是当流行性疾病肆虐时,那些到疫区旅行或求学的学生(或他们的家人)应如何应对。高校的现状是学生们在宿舍内集体生活,在拥挤的教室内上公共课,一起参加大型公共活动(体育赛事、毕业典礼),饮食也在共同的服务区域内。

校园可以选择多种方式来处理这些问题,如制定旅行禁令(也就是简单地告诉学生们留在学校)[1],学生抵达学校后进行系统地"隔离观察"检疫后,方可返校参加校园活动。对于专门从事学

---

[1] 例如在2003年的非典疫情中,加州大学伯克利分校拒绝了来自受病毒感染国家的学生。这影响了约500名来自亚洲各国的学生。

生健康服务的医生和护士，更应该积极参与和处理这些问题。因为他们在突发事件的第一线工作，同时由于他们通过合作为学生健康提供服务，可以为此类突发事件做好充分的准备和预防。

（七）毕业之后

学校不应该在留学生毕业后就遗忘他们。在很多方面，他们可以作为未来实现国际化目标的重要资源。当然在当前，他们回国后不可避免地与潜在的新学生进行交流。他们在美国所受到的待遇以及对美国的总体看法，会直接影响未来学校的招生情况。因此那些拥有丰富经验和有意愿为我们工作的留学生，就可以成为我们的非正式大使。

国际校友还可以在面试现场提供适当的指导，以帮助那些招生人员对招募新生的兴趣、才能、个性和英语技能有更深入的了解。这些校友面试团在培训和指导方面（包括该说和不该说的）、面试报告的形式方面，甚至模拟采访角色方面都体现出极大的作用。

最终，国际校友当然会在事业上取得或大或小的成功。成功的校友可能会变成重要的捐赠者。也许现在最重要的事情就是建立与国际校友保持联系的常态机制。

六、结语

学生群体的国际化，在很多方面让学校受益，包括促进学校在给全体学生提供多样化的、增进智能和社会经验方面的基本目标的实现，还包括在未来积极吸纳国际校友从事留学生的招生工作，或者对学校的国际化进程提供支持。

即使在预算困难的情况下，学校也应该不断努力。先行者将在吸引迅速增长的潜在学生方面存在长久的优势。特别是在印度和中国这些支持本科留学教育的国家，学生接受高等教育的需求将有可能在今后几十年中不断增长。

在20世纪初，美国在高等教育领域拥有强有力的国际竞争力。其他国家（特别是在太平洋沿岸地区的国家，如印度、中国、澳大利亚和新加坡）在不断寻求和提升自身国际教育的地位。倘若我们不采取适当的努力来吸引留学生的话，美国将无法继续保持这样的优势和成功。

参考文献

Jacobs B. The Tangible Contributions of International Graduate Students: An Alternative Approach and Some Evidence from the University of Rochester [R]. Rochester: Council of Graduate Schools Communicator, 2005.

第十一章
在全球社会中重塑高等教育——国外的视角

高和·里兹维，彼得·S.霍恩

高和·里兹维，弗吉尼亚大学国际项目部副主任、教授，主要从事全球化研究。此前，他曾是哈佛大学约翰·肯尼迪政府学院民主治理与创新学会会长。在加入该学会前，他曾是福特基金会驻新德里代表，担任过福特基金会治理与公民社会中心副主任、福特基金会亚洲分部的项目管理人员、兼任亚洲社会事务中心的主管。里兹维是在牛津大学任职后，才加入福特基金会亚洲分部的。他是《当代南亚》期刊的创办人和编辑，该杂志是一本有关政策研究的学术期刊。他还是许多著作的合作者或编辑，包括《国际秩序变革中的南亚》《大国与南亚安全》《帝国主义与殖民化的视角》《回顾印英关系》以及《超越边界》。作为一名罗德学者，他获得了牛津大学三一学院的哲学博士学位。

彼得·S.霍恩，2008年毕业于瓦萨学院，获政治科学荣誉学士学位。他的研究兴趣涉及国际关系、高等教育公平权和反歧视行动。作为约翰·布鲁内尔自行车协会成员[①]之一，霍恩目前居住在比利时。

虽然全球教育已经强烈地引发了众多的讨论，但对其进行重新探讨还是非常必要的。在相互依赖的全球社会之中，国内和国外的区别在很大程度上已经消失了。信息技术、广播和电视已经使世界缩小。我们不仅生活在全球经济和全球社会之中，也生活在一个十分复杂、相互联系并相互依赖的世界之中。所有的国家都必须面对全球社会的现实。对国家和国际、国内和国外、当地和全球进行严格区分，变得不太可能。国内和国外的界限不再明显。没有国家是完全孤立的岛屿。美国是地球村的一部分，即使遥远地区发生的事情与我们自己的利益不直接相关，也无法置之度外。因此，美国以及全世界学院和大学的挑战就是，为使学生成为全球公民做准备。

在此章节中，面临以知识为基础的新的全球社会的挑战，我们谈到，学院和大学必须重塑自己，并且反思自己的角色和目的。我们需要考虑：能否重新设计课程体系，以继续充分享受博雅教育

---

① 译者注：该组织是一个业余公路自行车发展团

第十一章
在全球社会中重塑高等教育——国外的视角

（Liberal Arts-based Education）硕果的同时，在不增加学生学业负担的情况下为其提供全球体验？我们如何使全球教育成为学生经验不可或缺的一部分？我们怎样将全球视角融入课程之中？在复杂的国际社会中，我们怎样从多学科视角以及对不同社会进行比较的视角下，建构知识体系？最后，我们必须应对这个看起来令人沮丧的挑战，即让所有有能力的学生有机会接受素质教育，而不受其支付能力的影响。我们认为，在知识社会中，每个个体都是重要的资源，社会不能让这些宝贵的资源流失。人力资本的开发与利用不仅体现着社会公平与正义（公平和正义是重要的），还是关乎国家与全球经济安全的大事。

一、自由的高等教育和思维训练

高等教育的目的就是训练学生的思维：使学生能够解决问题并且教会学生如何学习。博雅教育不仅培养和训练了学生的思维，而且教授了学生理性推理的能力，并给予他们终身学习和职业提升所需要的工具。严谨的思维能力有助于提取信息，明确地表达问题，细审证据，整理观点，将部分从整体中抽离，系统地组织信息，解释某个现象以及在实证研究的基础上得出结论。博雅教育培养学生终身学习的习惯和乐趣，给个人提供了摆脱愚昧、迷信、偏见、目光短浅和偏执去寻找真相的工具。这些"可迁移性"

技巧和思维训练具有永恒的价值,并且将使学生有能力应对不断变化的需求和生活的挑战。

当然也有其他卓有成效的高等教育模式,比如研究型大学提供的科研训练,也能培养出具备这种思维的学生,但这不一定是他们的核心目标。模式之间并不相互排斥。博雅教育所培育的严谨探索的思维,可以应用于所有领域中。这样的思维可能是高等教育可以传递给学生的最有价值的财富,不管他们在毕业之后选择什么职业。

全世界的学院和大学都在模仿美国模式,它在私立教育和获得资助方面具有一些典型经验。博雅教育所追求的是国际上所强调的思维训练以及使学生具备终身学习的能力。但是国外的很多高校正频繁地模仿其他更关注职业技能的教育模式。

全球化的结果主要包括:我们教给学生什么,我们提供给学生什么经验,以及如何构建一个知识体系来帮助学生更好地理解全球世界。因此,高校面临的挑战,不仅仅是通过高等教育(尤其是传统的博雅教育)继续训练和培养学生的思维习惯,向学生提供终身学习的工具,而且还要通过在多样性和多元文化环境中的亲身生活和工作体验来扩大他们的教育经验。全球教育就是该体验的核心。

二、培养全球公民

作为全球公民，我们的学生会在全世界不同的专业领域中发挥作用。不论是身在此地，还是彼地，他们都会产生家园之感。他们能够轻松地从一个社会转移到另一个社会之中，具有使用多种语言交流的能力，能够在国际的、多样的、多元文化的机构和组织中工作。同样重要的是，学生们必须有一种能够理解不同文化和地域的经验的多样化的视角。作为全球公民，我们的学生不仅要与美国的学生竞争，也要与全世界的出类拔萃的人竞争。在知识经济社会中，庸才将没有发展空间。

我们必须通过创建整体的学习环境来抓住每一个"教育时机"，以便学生像接受周围环境（朋友、俱乐部、社会和餐厅）一样，接受教授、班级、讲座、讨论会、实验室和专题报告。因此，除正式学术课程内容之外，学校还要给学生们补充提供了解外部世界的机会与经验，这一点十分重要。换句话说，我们必须在大学内复制一个外面世界的缩影，必须要让世界进入象牙塔之中。

学院必须改造课程体系来培养学生成为更加适应其未来居住和工作环境的全球公民。如今的全球教育和国际体验不再是课程和学校体验的拓展或备选之项，而是学院和大学在学校生活的整个阶段必须给每个学生提供的核心经验（学术的和课外的）中不可分割的一部分。要想获得学位，就必须接受全球教育。大三整年或海外学期计划项目（传统上使学生获得国外社会和文化经验的主要方式）提供的国际体验是重要的，但却不够充分。把学生培养成为全球公民，需要使其在整个校园生活中持续和综合地体验国际问题和文化。

在学生教育过程中，全球经验不是割裂的或独立的一部分。更确切地说，它必须通过校园多样化、国际化的师生社团融入学生的全部生活当中。这将包括创建一个学习环境，使学生在校园里就可以体验和理解外部世界；也包括创建机会、提供设备和项目，给学生一个外部世界的亲身体验。

为学生作为全球公民做准备，我们必须帮助学生理解，不同的人群对相同的情况经常会得出不同的结论。答案经常是无所谓对与错的。我们对生活和世界的观点通常是主观的，并且由文化、地域和社会经验共同塑造，这就是为什么我要追求校园多样化。它提供给学生机会，去验证自己对不同国籍、地区、语言和社会经济背景下的假设。不能理解和尊重彼此的观点和假设就会产生全球误解、紧张和冲突。为了使大学真正多样化，我们必须重新创建整个世界的缩影，使我们的大学成为学生、访问学者、客座教授、优秀教师、作家、制片人等的理想选择。学院和大学应该利用丰富的人力资源在一些周边领域传播国际化的专业知识，这些领域包括外交界、国际组织、政府、公司、法院、公民社会及

第十一章
在全球社会中重塑高等教育——国外的视角

其发展机构、智囊团、报纸,当然还有移民社区。除了接待社会访问,学院还应该通过国际电影、音乐、文学、文化节和国际烹饪来为学生提供全球体验。

对于培养全球公民来说,整合课程体系中的全球视角是必要的,然而目前做得并不充分。学习要发生在校园范围之外,学生必须通过在国外学习、工作和生活获得亲身体验世界的机会。大多数美国和欧洲的大学都试图通过引进外国学生来丰富学生的国际体验。一些大学已经设定了招收10%的外国学生的目标,其他大学为了给学生提供国际经验正在建立国外校区,还有一些大学和遥远的国外大学结成伙伴关系,以便给学生提供学习和体验其他社会的机会。

有更多的学生去国外学习或者参与其他海外学院交流项目,也有由于经济或其他原因不能利用这些机会的学生。我们已经讨论过海外经验的重要性。但是,全球教育不能被定义为海外旅行或是局限于学校经历的一部分。学院必须把世界带到学生家,以便学生能够持续地体验全球教育。将全球视野融入我们的课程体系需要在课堂上进行实验。教室中的体验(教师教学和学生讨论)通常受到我们共享经验、假设和观点的限制。我们从自己的视角看世界都不会有什么惊喜。我们的挑战就是通过理解其他视野和观点丰富自身的视野。别人怎么看我们?人们怎么看待他们自己?

一些机构已经回应了把全球视野引进课堂的挑战,他们通过使用信息技术建立了虚拟的全球教室。一些机构尝试在全球教室中使用科技手段,在同一个时间把师生虚拟地带到同一个班级中。全球教室中的师生来自很多不同国家,师生们合作设计同一门课程,并且参与到同一个班级之中。教师通常来自所有参与的机构,他们共同教学,但是每个教师对于特定的课程或是部分课程具有不同的责任,他们通常使用多种教学技巧。所有网站上的学生都能看见并听见教师的讲解,师生在同样的时间出现在屏幕上。所有学生都能听见并看见问题,并参与班级学习,可以向任何机构中的任何一位老师和学生提问和发表评论。所有学生都有共同的课程和读物,并且有相同的任务,这些任务由来自所有机构的学生小组共同完成。全球教室被设计成一种提供全球教育和学生经验的附加模式。

全球教室的试验蕴含着巨大的希望。如果试验成功,学生就能够参与到全球班级中去。全球教室体验可以被更多地整合到全部的课程体系中,不像出国留学那样只能获得单独的一次性的体验。学生得益于多所机构的老师,同时每天体验不同的教学方法和视角。并且,全球教室更具灵活性和选择性,具有很高的性价比。全球教室使教师能够通过和其他不同机构、不同背景的教师共同讲授一门课程,接触到外面的世界,对教师具有非常大的吸引力。

三、重新设计课程体系

现在让我们转向课程体系的问题。国际体验很重要，但最终课程的学术内容才是维持大学使命的关键所在。我们必须从指导学生的角度反省给学生传授的内容，重新看待课程体系和教学方法。大学在 21 世纪最大的挑战之一，是设计创新的、富于想象力的课程，这将影响到全球形势的变化。

学生从事的学术工作，给其提供了理解全球社会的分析工具。这就意味着，学院和大学可以在最大限度上把全球视野整合到尽可能多的课程中去。建立或增加一些以"国际"或"外国"为标签的课程是老生常谈，并且也是不充分的。在当前的全球世界中，地方和国际、国家和全球、国内和国外之间的边界已经不再明显。全球研究中运用的"主修"与"副修"专业，可能只是课程内容全球化的过渡阶段采用的概念。任何拓展学生国际知识的努力都是促使学生成为全球公民以及增加就业能力的手段。在许多大学中，即使是工程、医学、建筑相关专业的学生也会选择全球性的课程来关注国际社会和增强就业能力。如今更具创新性的大学，不论学生的专业特殊性如何，都会给他们提供更多的全球学习的机会。

对于大学来说，真正的挑战之一是设计课程体系。这种课程体系将是创新的、富于想象力的，影响21世纪的形势变化，并且是以学生教育为中心的。在知识经济为本的全球世界中，生活和事业的成功对于技能及其应用的广泛性要求更高。面对当今世界的挑战，我们需要摒弃旧式教育。新课程体系中的方法选择必须始终以学生为中心，为了使学习有趣、易于参与、促进思考并具有创造性，必须尝试和采用多种教学手段，包括讲座、专题报告、研讨会、案例研究、模拟、角色扮演、学生主导讨论和问题解决、学生研究项目、电影和视频、同辈学习等。

目前很多大学的学生都局限于自己的学科领域中，没有意识到也不关心其他学科和方法。甚至在最好的博雅教育传统中，对专业的强调也使学生无法触及其他相关知识体系。新课程体系必须摆脱传统的"学科"训练。在过去的50年当中，大学已经尝试了运用跨学科、交叉学科和多学科的方法来训练学生，但是并不成功，我们需要从不同的学科中获得能够广泛应用的知识，以便学习和了解世界。

在高度专业化的世界中，对于"母学科"（Parent Discipline）的关注是完全可以理解的。因为专业化（通常是狭义的专业化）促进了科学技术与前沿知识的突飞猛进，期待教师熟悉多个学科或分支学科是不现实的。同时，教师的"学术专业化"已经不能很好地服务于学生和市场了。对于专业化与基础深厚的通识教育

第十一章
在全球社会中重塑高等教育——国外的视角

之间的矛盾，没有完美的解决方案。在不熟悉其他领域知识体系的情况下，深入学习某种学科知识更有用。研究生学位与学士学位之间存在微小差异，如何同时适应学术需求和市场对职业技能的需求，这个问题是很复杂的。

虽然挑战是巨大的，但是只要我们对于全球公民培养以及高等教育为新的全球社会培养学生的必要性与作用的认识达成一致，那么这个问题就是可以克服的。没有任何一个学术项目能够给学生传授一生受用的所有学科知识，甚至基础扎实的博雅教育也是局限在四年的时间里给学生有限的知识。除此之外，知识是不断改变和发展的，在大学中所学的知识可能不久之后就会过时。大学的目的不是为特定的职业培养学生（学生会在工作后获得这些技能，而且许多学生在一生中会换很多次职业），而是训练学生的思维，使他们有能力解决问题，教会他们如何学习。这些"可迁移的"技能和思维的训练具有持久的价值，并将使学生有能力应对需求的变化和生活的挑战。

总体上说，教师和学生都认识到在课程体系中把国际视角整合到教学内容中去的重要性。但是说比做要容易得多。第一，这个过程需要教师付出更多劳动。每位教师需要回顾、修正和重新设计课程。通常要重写讲稿，搜集新的教学材料，撰写新的教学案例。第二，在某些情况下，可能要求教师从事新的研究。这样的变化只能渐进式地在较长时期内实现。第三，需要额外补充缺乏的教学资源。这些资源在经济繁荣时期都是稀缺的，所以在经济萧条时期获得尤其困难。

教务长和院长不得不有策略地、选择性地实施这些改革。大部分改革适合在教师出现空缺以及设立新教师岗位的时候实施。每个新教师岗位的任命都是教务长及院长思考其学院办学方向的一个机会。不应该自动并刻板地填满岗位，每个教师空缺或是新的任命都应该被看成是一个实现理想的国际化师资目标的战略选择。学术领导者也必须为增加国际化师资创设新的机制。大学应该考虑通过任命实践型教授的方式，引进来自政府及私立部门的师资。大学应该吸纳杰出的政治家、外交官、首席执行官、法官和公务员作为特聘教授，为培养学生洞察世界的实践能力提供机会。

除了通过聘用新教师取代那些退休或离职的教师，学院需要给教师提供学术休假和无薪休假，用来推动新课程体系与教材建设。在此期间，学院需要利用访问学者和具有国际专门知识背景的特聘教授来补位。这将会是一个漫长的过程，但这是以国际视野来建立一个课程体系的最有效的方式。

成为全球公民的一个最重要的特征就是能够运用多种语言开展业务往来。不出意外的是，能够流畅使用多种语言的毕业生在全球市场竞争中越来越多地成为最受雇主欢迎的群体。欧洲和亚洲的学生从大学毕业后能流利地使用几种主要语言是常见的。在印度,学生是使用包括英语在内的多种语言环境中长大的。的确,精通英语使印度的学生在以英语作为商业语言的全球社会中具有巨大的优势。任何国家的学院和大学都不能允许毕业生在这一方面处于弱势,每个学生都能流利地使用一种或多种语言应该成为一个毕业的条件。美国的学校认识到了这一点,并且正在通过技术手段建立语言中心来教授外国语言。学院和大学必须优先教授外国语言,将此作为全球化的一部分。

四、全球社会的知识建构

在新世纪具有挑战性的环境当中,我们必须给学生提供一个知识体系,使他们有能力从不同学科角度出发,运用多元的方法应对我们这个时代的重大问题,进而实现从"学科"到"后学科"(Post-Disciplinary)时代的转变。我们要从不同学科中获得广泛的应用知识,以便学习和了解我们面临的巨大挑战。例如,环境是我们这个时代最大的挑战之一。但是环境科学肯定不能独自理解和处理这个问题。环境的挑战不仅需要地球和环境科学的参与,也需要历史、人权、治理、资源管理、可持续性经济和发展研究的参与。换句话说,大学生不仅要学习特定学科专业,还要专注于面向社会，学习和理解来自不同视角和学科的问题。大学需要围绕问题而不是学科来设计课程。像环境恶化或是全球变暖这样的问题，以及多元社会中的民主问题、贫困问题、社会公正问题，不会局限于任何一个国家内部，也不仅仅是发展中国家的问题。在比较的框架中，学生必须学习和了解这些 21 世纪所存在的大问题，并且明白在别处发现的解决方案是否能够和他们自己的经验和本国问题产生共鸣。

全球化已经深刻地影响了我们从事研究和建构知识的方式。我们早些时候曾指出，21 世纪的问题是复杂的，不能通过单一学科的视角来理解。我们的知识建构不仅必须利用语料库和多种学科的洞察力，也必须要经受本地及国际经验和视野的审视。21 世纪大多数的挑战（人口激增、种族问题、移民问题、食物以及水资源的缺乏、森林采伐、环境退化、全球变暖、跨境恐怖主义、艾滋病或禽流感的流行性疾病等公共健康问题、涉及妇女儿童的非法交易等等）都是全球性和跨国性的问题。它们既不能在一个单独国家的范围内被解决，也不能独立于世界其他国家之外进行研究和解决。在 21 世纪，只有通过经验和信息的双向交换，通过合作和比较研究，并且在相互尊重的基础上，才能形成可信的知识。

世界上没有学院和大学具有处理当今世界面临的所有大问题

的所有资源和专门知识。以上列出的大多数问题都是跨国的，并且主要发生在美国和欧洲范围之外，也不能在单一的国家中处理。西方学者为了保持其研究处在最前沿的位置，将不得不在国外工作并与遥远地区的学者合作。换句话说，知识建构将不得不是跨国的和合作的。这就为学院和大学与世界范围的学者合作以及对关系到全球社会的大问题进行处理提供了更多的机会。

最后，在知识建构领域我们必须留意另一个重要的问题。西方不再是知识生产的垄断者，发展中国家也不再是西方知识不加批判的消费者。21世纪的知识必须是合作的，通过信息、体验和想法的双向交换来建立的，还必须开发其他社会和文化的知识系统，并且是建立在相互尊重、相互作用的关系基础上的。以前学者收集材料、数据和样本，然后回到他们本国的机构中出版研究成果，并且为他们的研究申请专利，现在这种做法已经不太可能了。在其他国家和社会从事区域研究的学者们将必须遵守这些道德标准。他们必须愿意与东道主社会分享研究的利益，更重要的是，因为许多工作将合作完成，所以他们必须承认当地合作伙伴的知识产权。

五、优质高等教育和入学机会

上文中我们已经讨论过，学院和大学是知识经济社会中推动国家与全球经济的引擎。在一个技术稀缺的世界中，每个个体都必须发展其全部潜能。我们正处于从口耳相传到高效的、创造性的、手脑并用的转型之中，年轻一代是最有价值的经济资源。21世纪，学院和大学面临的两个最大的挑战就是提供优质教育和扩大入学机会。换句话说，我们如何建立和运营世界级的学院和大学，除了那些成绩优秀或是经济富裕的人之外，如何保障所有符合要求的学生都能进入大学，而不必受社会经济条件的限制。

大多数发达国家和发展中国家都有两种教育系统：一种针对富人，另一种针对穷人。那些能支付得起教育费用的人有接受优质高等教育的机会，通常其在专业领域和经济市场上的成功源于接受了这种优质高等教育。那些无法负担的人往往不一样。虽然没有证据表明高智商的人更集中于某个特定的社会经济群体内部，但这种情况还是比较普遍的。

大多数美国的精英学院和大学仍然大量地从社会高收入群体中招收学生；来自收入前5%家庭的学生更多地在常春藤联盟和其他美国顶尖大学中学习。从历史发展的角度来讲，美国的公共高等教育首先关注于确保入学机会的公平，但是成绩背后经常面临资源不足的问题，提供高质量教育的能力受到挑战。经济条件良好的学生大量集中于好大学，这个问题并不是美国独有的。而且，许多其他国家的优秀学生，尤其是那些有支付能力的学生，都选择离开自己的国家到国外高质量的机构中学习。

第十一章
在全球社会中重塑高等教育——国外的视角

但是美国的问题比其他国家更微妙。美国那些经济条件较差但成绩优秀、具有天赋的学生不缺乏接受高等教育的机会。更确切地说，真正的挑战是，大多数的贫困学生，尤其是少数族裔学生，到目前为止仍然没有为接受高等教育做好准备并确立学术志向，他们确实没有获得高等教育的机会。美国的问题不是贫困但成绩出色的人缺乏获得高等教育的机会，而是贫困、成绩处于平均水平或在平均水平以下的人缺乏获得高等教育的机会。

我们不能在没有实现高等教育入学机会公平的情况下片面追求高等教育质量的提升，这会受到社会的批评。但是这不仅是社会公平的问题，还是经济发展需要解决的实际问题。在知识经济中，许多成绩合格但负担不起费用的学生无法接受高等教育（这是不应该的）。他们代表着国家和整个全球社会中不应受到忽视的、潜在的生产力资源，尤其是在那些人口出生率正在下降，人口老龄化以及经济中有效劳动力比例正在下降的国家。总的来说，让那些能够使国家受益的人接受优质高等教育是社会的经济责任。

给予那些社会经济水平低下且学业出色的学生接受优质高等教育的机会，符合所有接受高等教育的学生的整体利益。学院和大学培养学生在未来生活中所需的基本技能，要反映世界的现实，这一点是非常重要的。要建立这样的学习环境，大学必须拥有多样性的师资队伍和学生结构，这是不容易的。真正的多样性必须是包括性别、种族、宗教和国籍之外的社会经济结构的多样性。要给思想和智慧的差异提供一定的空间。教学经验证明，学生最好在多样化的机构中学习。这使学生能够相互学习，与那些拥有不同经验的人一起检验他们的想法和假设，并意识到面对相同情况时人们经常会得出不同的结论。在国际化和多元文化的宿舍、班级、体育场的体验，会帮助学生发展人际交往能力，培养其在全球世界中的从业技能。

六、为优质教育和入学机会埋单

如果全世界的优质高等教育的入学机会得不到保证，社会公平的承诺就永远不会成为现实。所以我们不仅仅要为那些成绩出色并具有天赋的学生提供经济资助，还要为那些社会经济水平低下但有能力的学生提供贷款和助学金，这应该被看成是学生的基本权利。经济资助既是一种手段，又是一种价值观，不必实行配额制，也不应该以任何方式降低学术的标准和要求。同时，经济情况调查不应是苛刻的。经济资助的目的是建立一个平等的竞技场，在那里所有的学生都有发展他们最大潜力和创造力的平等的机会。

我在印度新德里入学与卓越基金会（New Delhi-based Foundation）工作的经验证明，天才学生大多处于印度社会最贫困的群体中，

第十一章
在全球社会中重塑高等教育——国外的视角

而且录取这些学生的机构也会在学术上受益。这需要一种对多元学术价值的认可与理解，也是一种对学校有利的行为。

在美国，像哈佛大学这样富有的私立大学已经充分地理解了多元学生的教学价值，并且将捐助收入的一部分专门用来作为贫困学生的助学金。一些像弗吉尼亚大学这样的公立大学，也已经通过如"弗吉尼亚大学弱势学生经济援助计划"（Access UVa）的项目完成了这项工作。弗吉尼亚大学不仅关注了贫困学生，而且在这个进程中也提高了自身的学术标准。为了保持学术竞争力并吸引高质量学生，其他大学也应该跟着做。

福特基金会（Ford Foundation）用 3.5 亿美元的赠款建立了国际奖学金项目（International Fellowship Program），资助成绩出色但是在经济和社会上处于弱势地位的学生完成研究生阶段的学习。该基金会建立了一个极其复杂和标准化的筛选过程，即学生要满足"双重条件"。每个候选人的申请都要通过两种独立审核程序：成绩和社会经济地位的审查。只有那些能够成功满足"双重条件"（展示出色的成绩记录以及可核验的处于不利社会地位的证据）的候选人才被允许进入参评序列。国际奖学金项目的成功使许多学校愿意招收全世界贫困地区的学生。

如果社会能够保证，不论学生的经济状况如何，那些有能力的学生都能够接受优质高等教育，就需要跳出固有的思维模式。

全球社会中的高等教育
Higher Education in a Global Society

如果社会无法保证这一点，也绝不能以财政紧缩为借口。一旦我们凭借成绩录取学生，没有人会因为经济贫困的原因被拒绝入学，那么所有的财务规划和学术计划就应该关注社会公平。这就意味着在学生与家庭、基于税收分配的各级政府，以及学院和大学之间，需在更大程度上实现成本分担。

当所有学生都得益于多元化的校园体验时，以学费的形式对于这种体验的直接和间接成本进行补偿是十分公平的。在决定学费水平时，大学管理者应该把大学提供多元文化以及国际化的环境作为因素计入费用之中。个体和社会应该把促进多样化方面的费用（就像教育本身的成本）看作是一种投资，而不是一种支出。

一旦我们开始把教育的支出看作是一种投资，并且抓住高等教育产生的丰厚的收益，就很有可能通过多样化的创新方式，对优质高等教育提供投资。当然，高等教育能够在政府财政预算中，为了资金与其他社会需要（小学教育、卫生保健、基础设施等）竞争，但是竞争一般十分激烈，而且经常被认为没有其他需要迫在眉睫。在当今的知识经济社会中，那样的结果可能不仅只是目光短浅，而且是自取灭亡，但这就是现实。

很长一段时间内，我们没有认识到，除了传统的高等教育投资，其他形式的投资对政府和社会都是有益的。收益应该不仅仅从投资回报的角度来看，还要从社会和道德的角度去衡量。政府要认识到，高等教育投资既会增加个人收入，又会增加国家整体产出，这是很重要的，长久来看还会增加国家的课税基础（Tax Base）。

七、结语

对于大学来说，全球化所带来的挑战是巨大的，仅提供出国留学项目和在课程体系中增加国际课程是不够的。我们必须反省大学提供给学生的整体体验。我们的学生将在全球范围与全世界最好的学生竞争工作岗位。我们必须培养学生成为全球公民并具有全球竞争力。我们将需要重新审视教学内容、如何教、大学将如何继续建构知识，以及我们如何应对在知识经济社会中提供优质高等教育的挑战。细枝末节的修补是不够的，需要从根本上进行反思，还要让大学加入全社会的公开讨论中。这是对我们整个高等教育系统的挑战。

大学是推动社会繁荣的引擎，一点也不夸张地说，社会的成功取决于大学的成功。提供高品质的教育、具有创造力和追求卓越将会是成功大学的特征。知识和学术将以全球标准为基准，大学也将因此而受到评判。在全球社会中，大学、教师和学生不能躲在国家的避风墙后面，也不能在工作中独立于外部世界。为了具有竞争力，就像市场领域中的竞争一样，大学必须吸引最好的教师和学生，必须提供世界一流的设施、图书馆和实验室。

在市场的作用下，大学处在通过职业训练给学生提供就业技能的压力之下，这是对博雅教育机构的本科教育教学地位与作用的误解。大学不必屈服于市场压力。实际上，大学做那些是无效的。没有学科专业寄希望于教授学生一生所用的知识，即使是基础最深厚的博雅教育也仅仅只有四年的时间，学校不能有效地传授全部科目。除此之外，知识是不断改变和发展的，可能不久之后在学院中所学的知识就会过时。学院的目的不是为特定的职业培养学生或是对其进行职业训练。许多学生将会获得他们在工作中所需要的技能，而且学生在一生中都会换很多次工作。如果统计数据可信，当前的学生将会平均改变 3.7 次职业，而且现在没有人真正知道这些学生在他们的一生之中会尝试多少种不同的职业。博雅教育不致力于职业训练，它给了学生职业追求所需要的思维工具。

面对全球化的挑战，大多数机构和组织（公司、政府、制造商和媒体）不得不重塑自己。大学也不例外，并且正如其他机构一样，大学也在不断变化着。之所以没有明确地讨论大学重塑的问题，是因为大学在某些方面与其他机构区别很大。大学教师自治和对共识的追求使大学的改变总是很缓慢，但是它也是大学力量的源泉，使大学有能力抵抗许多短暂的风尚或变化。当必须应对全球化形成的挑战时,大学必须建立在坚实的基础和传统之上,并且坚定地保护其独特的博雅教育的传统。

参考文献

[1] John C S. The Mission of the University: Medieval to Postmodern Transformations[J]. The Journal of Higher Education,2006,77(1):34-45.

[2] Marvin B. Internationalization of Universities: A University Culture-Based Framework[J]. Higher Education,2003, 45(1):123-131.

[3] Demeyer A, Harker PT, Hawawini G. The Globalization of Business Education[C]//The INSEAD-Wharton Alliance on Globalizing: Strategies for Building Successful Global Businesses. Cambridge: Cambridge University Press, 2004.

[4] Karen F P. Short Study-Abroad Trips Can Have Lasting Effect, Research Suggests[J]. The Chronicle of Higher Education, 2009(2):19.

[5] Susan F, Rebecca C, The University as a Global City[J]. Change, 2004(3-4): 44-50.

[6] Nadine D. Encountering an American Self: Study Abroad and National Identify[J]. Comparative Education Review,2004,48(2):121-133.

[7] Ulrich T. The Changing Debate on Internationalization of Higher

Education[J]. Higher Education,2004,48(1):10-14.

[8] William R B. College Goes Global[J]. Foreign Affairs,2007,86(2): 126-129.

[9] Anthony W. Going Global? Internationalizing Australian Universities in a Time of Global Crisis[J]. Comparative Education Review,2002,46(4):433-471.

[10] Janet S D. The Impact of Increasing Diversity in Higher Education or, The Teacher's Gift: Permission to Go Home[J]. American Philosophical Society,1998,142(2):58-72.

[11] Harold T S. A Larger Sense of Purpose: Higher Education and Society[M].Princeton, NJ: Princeton University Press, 2005.

第十二章
加速全球化进程中的美国高等教育：
路漫漫其修远兮

D. 布鲁斯·约翰斯通

D.布鲁斯·约翰斯通，纽约州立大学布法罗分校杰出的比较高等教育荣誉教授。其主要研究方向是高等教育财务国际比较、治理及政策制定。其负责的高等教育财政国际比较项目，是一项针对世界范围内高等教育成本变化的研究，是对政府、纳税人、家长及学生历时9年的调查分析。在其到布法罗分校任教前，已有25年的行政管理生涯。他曾在宾夕法尼亚大学担任分管行政事务的副校长、布法罗分校校长、纽约州立大学系统的主要负责人。此后，约翰斯通被评为"富布莱特新世纪学者计划"2007—2008年度的杰出学者领袖。在2006—2007学年，他曾分别担任奥斯陆大学和芬兰坦佩雷大学"伊拉斯莫世界之窗"计划高等教育管理课程兼职讲师。他曾撰写或编辑了许多教材、专著、文章及一些著作中的部分章节，他的代表作品主要涉及高等教育财务状况、学校效率的概念、学生资助政策、系统治理以及高等教育财务国际比较。约翰斯通先后在哈佛大学获得经济学学士学位和教育学硕士学位，于1969年在明尼苏达大学获得教育学博士学位，并获得了多个荣誉博士学位。

尽管这是本书的最后一章，其目的在于展望前景不明的未来，但是这一章绝对不仅仅是一个综述。2008年，美国教师退休基金会会议"全球化社会中的高等教育"的与会者，以及其他参与编写本书的学者们，都阐述了他们关于加速全球化世界中的美国高等教育的基本观点。这些观点在不失权威性的同时，体现了他们各自不同的意见和研究方法。我不试图去总结或是综述。相反，我会去做一些结论性的评述。这是因为我的主编身份，使我熟知书中各章节丰富而又深刻的见解。同时，也因为我是一名从事国际高等教育财政、治理、政策比较研究的学者，一名积累了丰富管理经验的学者。这些管理经验主要通过担任一所领先的私立研究型大学副校长、一所公立综合型大学的校长和一所大型的公立学校的名誉校长而得来。

与其去诠释那些定义十分复杂的"全球化""国际化"和相关概念，或者进入充满了相互矛盾的政治、经济思想以及关于英

第十二章

加速全球化进程中的美国高等教育：路漫漫其修远兮

美经济、文化、语言霸权的传统学术批评的混沌领域，我倒更愿意从承认思想、商业、学者、学术和学生的跨国交流在急剧增长这一事实开始讨论。简言之，我们关于加速全球社会中的高等教育的讨论，将从对各国间交流和联系的日益增多的观察与赞扬开始。各国交流和联系的，正是高校所做的事情——教学、文凭、探索、交流、继承、批判，以及服务。

这种在高等教育之间日益增长的交流和联系是由多种力量驱动的，包括政府决策（在大多数国家中，政府政策都是高等教育交流与联系的一部分）、学者和学生的好奇心、科学领域和贸易领域越来越多的关联性，以及科学技术和交通运输水平的突飞猛进，扫除了时间和距离的障碍。贸易活动日益青睐那些有着高知识含量的商品和服务，以及那些拥有先进技术和先进高等教育系统的国家。科学界和商业界的国际语言都是英语。英语越来越多地服务于英语国家（特别是美国）的特权机构和学者。对于这些特权，我们不应该感到内疚和歉意。正因如此，我们应该肩负起责任，既要协助传播知识，也要在世界各地扩充高等教育的功能。我们要承认和尊重世界其他地区的高等教育系统、大学及学者的实力，并在他们身上学习。

最后，我们所有的编著者均表明，知识变得越来越重要，学术交流和国际联系日益增加，这两者的增长是相辅相成的。成功的学者获得了声誉、出版的机会、学生、研究基金以及咨询合同。

这些又使学者得到更多的认可,从而进一步加强了他们的学术声誉。毫无疑问,全球化在某种意义上对经济、文化以及与其紧密联系的市场和竞争产生了深远的影响,所以它依旧是政治和意识形态争论的主题。但是,高等教育机构间的联系以及学者和学生的交流日益增加,而这种联系和交流几乎在全世界范围内都受到推崇。

一、美国高等教育的国际化

美国高等教育在很多方面居于世界高等教育之首。在"世界大学排名"(泰晤士高等教育增刊,2008)前二十的大学中,美国大学占了13所,在前六十名中占了25所。我们拥有30%的世界科学出版物(经济合作与发展组织,2007)。在2008年,我们接收了20%的世界高等教育留学生(国际教育学院,2009)。这些数字展示了美国高等教育的统领地位。当然,这些可能是由我们广阔的国土、相对的富裕程度以及经济文化霸权的综合作用,不足以表明我们的高等教育系统已经适应了日益增长的全球化。

然而,会议隐含了另外一个更重要的问题,这个问题也在会上被大多数与会者提出。这个问题便是美国高等教育是否可以变得更加国际化,以及如何变得更加国际化(第二个问题更为重要)。这也就是说,在向世界其他地区高等教育学习的基础上,如何使

第十二章

加速全球化进程中的美国高等教育：路漫漫其修远兮

我们的大学本科课程要求、我们大多数的专业课程和研究生计划、我们的课外学习机会、我们对学生的选择及对其早期学习状况的接受能力，以及对于教师和学术领导的选择变得更加国际化、更具有全球适应性、更易于接受。或者，在全球竞争的情形下，如何避免单纯地依赖我们在20世纪取得的成绩以及我们的历史优势。这种优势看起来依旧具有竞争性，但实际上已经节节败退。这个败退正是由于欧洲高等教育的冲击（在一个更加联合的欧洲的鲜明旗帜下，以及在博洛尼亚和里斯本协议的推动下，努力地试图恢复19世纪和20世纪早期的辉煌），更不必提到中国和印度大学带来的冲击。

在大多数言辞激烈的辩论中，真理往往藏身于广大的中间地带。美国高等院校的本科和研究生课程中的全球意识毫无疑问是增长的。此外，出国留学，以及美国学者与国外学者之间的交流也是如此。然而，美国公民依旧在很大程度上对美国境外的世界缺乏兴趣和了解。但那些有威胁的资源或是旅游胜地则是例外。使美国高等教育融入更多的全球意识是一种挑战，这种挑战是重要的，也是巨大的。

美国高等教育国际化的薄弱环节在于，本科生的学习、教师的研究都缺乏充分运用第二语言的能力。国外学生和学者日益增强的英语能力使成千上万的国外学生和教师轻松地在美国求学，并且方便美国大学教师安排自己的国际学术休假，同时也为美国本科生有意无意地寻找国外留学经历提供便利（当然很多情况下，也只是选择去其他的英语国家）。实际上，50年前，或是100年前，美国可能有更多的老师和研究生（毫无疑问占有更大的比例）能够运用除英语之外的第二语言从事学习和研究工作。

也有一些数据说明这一情况的改善。美国高中生中，选修外语的学生数量在不断增加。学生学习汉语、日语、阿拉伯语或是其他语言的比例，甚至超过了长期以来对法语和西班牙语的标准化学习比例（美国外语教学委员会网站，2009）。但是，即使美国学生能够用一年或是更长时间到非英语国家学习，其第二语言的能力也远远不够。大学对外语能力的期望在大幅下滑。此外大学在毕业要求中对第二外语的要求也大大降低。这些都对美国本科生出国留学机会的流失负有直接的责任。由于英语性学术刊物在世界学术界占有统领地位（特别是在自然科学领域），另外在整个世界，参加使用英语的研究生研讨会（同样也特别在自然科学领域中）也成为高级别博士研究的一部分，以前美国博士需要阅读两种语言（英语除外）的文献这一要求已被作废。美国大学教师运用第二语言从事研究的能力非常有限（除非他们的学位和长期研究需要这样）。

相比过去，我们在美国本科教育的国际化方面做得略好，但

第十二章
加速全球化进程中的美国高等教育:路漫漫其修远兮

是世界上其他大多数国家做得更好。因此,美国高等教育学术交流的不对称性日益凸显:外国学生寻求来美留学获得完整学位,而本国学生却时常追求与自己专业不甚相关的国外求学经历;外国学者寻求正规的合作研究,而本国学者却时常追求学术休假以恢复学术精力。2008 年,国际教育学院的白皮书中指出,尽管美国学生认为短期出国留学计划很有用,但未来出国留学机会的增长点在于包括完整学位获得在内的长期留学计划(Guitierrez et al., 2008, cited in Blumenthal and Guitierrez, 2009)。无论如何,美国体验出国留学的学生比例在持续增长,这对于参与的学生来说很重要,但是这个比例始终还是太小,大概才占美国在籍学生总数的 1.3%(Salisbury et al., 2009)。

尽管美国教育工作者一直为美国学生提供学习第二语言的便利而努力,但英语使用得越发普及却意味着第二语言学习的不对等性会一直存在。然而,美国高等教育的财政政策也会加速美国和其他国家之间的学术交流的不平等发展。与其他地区(特别是欧洲)相比,美国的高校,不论是私立还是公立,更依赖于学费。如果美国学生体验国外学习,这部分费用不包含在已交纳的学期或学年学费里,因此学费收入可能遭受损失,也可能不遭受损失。这种对学费的依赖性理所当然地促使美国高校尤其愿意接收那些对高校的选择不太严苛,同时来自可以负担高额学费的家庭的留

295

学生——特别是在本科生阶段。相反，本国学生对把一到两个学期的学费交到别处去的留学行为的态度就显得不太情愿。

如果出国留学可以作为美国学生大学经验中的必不可少的一部分，已经支付的学费（尤其是在美国的私立大学中）可以作为留学费用的主要来源。而且这种方式能够带来一种好处，即提供一些额外的费用，用来支付如聘请美国指导教师、差旅费、为学生提供奖学金的费用等。甚至也可以给那些支付不起学费，或是生活困窘的国际学生提供这部分费用。

在2007—2008学年，以国际留学生教育为基本形式的美国高等教育出口，为美国的大学和学院创造了155.4亿美元的收入（国际教育协会，IIENetwork），对美国高等教育机构的财务状况和美国贸易平衡意义重大，并与全球化现象背后的商业目的非常一致。但是，这些都不是在一个日益全球化的世界中从事美国学生教育的基本目的。

二、相互学习

简单地用美国学生出国留学的人数或者比例来判断国际化成功与否，这是错误的。全球化的一部分隐藏在思想和政策的交流中。对于高等教育而言，不断增进的国际化发展的目标体现为使包括美国在内的学院、大学以及国家高等教育系统之间，可以达到相互促进、相互补充的目的。这种趋势是可能的，也是必然的。

就相互影响方面来说，留学生的交流（美国和欧洲国家，或美国与非欧洲国家之间）是不对等的，因为大量欧洲留学生涌入美国，而美国留学生却很少关注欧洲。许多欧洲留学生被博洛尼亚协定（欧洲 29 个国家的教育部部长最初在意大利博洛尼亚这个具有学术历史意义的城市签订该协定，至 2009 年该协定已经囊括了 46 个欧洲国家和地区）和参与签订博洛尼亚协定的欧洲共同体国家（这些国家首脑在里斯本会面，旨在增强"欧洲高等教育区域"的威望和学术生产力）整合在一起。那些参与其中的欧洲国家将采取如下举措：

（1）（在一个限定的时间内）改变欧洲以前建立在考试基础上的超长本科学位制度。这项制度使学生通常在 6~7 年的周期内，学习类似美国硕士学位项目的研究内容。这种学位制度没有为实践课程和专业转换提供空间，把学生牢牢锁定在初次入学考试选定的学校中，不允许学生到另外一所学校从事 1 年或其他时段的学习，也不允许学生到国外留学。

（2）建立三级学位结构，以 3~4 年的学士学位开始，随后是 1~2 年的硕士学位，最后是跟美国很类似的博士学位，更强调在学位论文之前要完成整套课程体系。

按照欧洲新的协议，学生留学将得到鼓励（与之前以考试为

297

基础的学位授予制度形成了鲜明对比）。协议项目规定：就像大量的美国学生转校时带着他们的课程学分一样，欧洲本科（或硕士）学位的颁发也建立在对学生课程内容与学分互认的基础上。

博洛尼亚协议、里斯本协议，以及随后的协议都是从部长、政府首脑到大学校长，这样由上至下的程序制订的。教师、校长、系主任与学生对此的热情与接受程度都不太一样。同时，大部分欧洲大学（除了私立学校扮演一些不太重要的角色）在经费上主要依靠于中央政府，相对于美国联邦政府，欧洲政府可以通过财政手段更好地控制大学。在欧洲，因为大学教师的公务员身份，教师任命的权利在部长手中。整体而言，欧洲各国政府对大学的控制，强于美国联邦政府，甚至也强于州政府。

在其他方面也一样，欧洲大陆以及世界其他大部分国家的大学和高等教育体系开始采用与美国高等教育相似的方法。最引人注目的要数对非政府收入需要的认可，部分收入来自那些依旧有很大争议的学费。甚至是北欧国家（依旧对其国民及欧盟公民实行免费高等教育）也开始对非欧盟学生收费。英国从 1997 年开始，荷兰和葡萄牙紧随其后，奥地利从 2000 年开始，甚至德国在 2009 年底也开始征收学费。学费标准相对于美国公立大学来说相当少，但是它成为改变过去的里程碑（Marcucci and Johnstone, 2007）。而且像美国的大学一样，欧洲的公立大学与学院越来越重视对于校

第十二章
加速全球化进程中的美国高等教育：路漫漫其修远兮

友和其他慈善资源的利用。对于这一点的争议越来越少。然而，实践起来却是很难的。

在美国，根据国际标准（即使各州情况不同），公立大学（以及少部分四年制的公立学院）拥有很大的机构自治权。公立大学与公共治理委员会相联系，而公共治理委员会在教育机构与美国政府之间起着缓冲器的作用。与此相对应，美国大学校长由该委员会选举产生并且常常来自大学之外。因此，相比其他大部分国家的公立大学，美国的公立大学有更多的机构自治权。并且，欧洲的大学及一些其他高等教育机构正在采用所谓的新公共管理（NPM）的模式，这种模式的作用之一是解决持续攀升的高等教育成本，满足各种各样的资金分配决策的需要（在欧洲高等教育管理系统中很难做出这样的决定，因为大学校长对教师，通常也对政治家，直接负责）。

美国对于欧洲影响的最后一个例子，是对于公立大学之间竞争关系的认可一直非常缓慢、不稳定，且目前仍然存有大量争议，一直被批评家贴上盎格鲁—美利坚政策对于欧陆高等教育影响的标签。尽管欧洲大陆的大学在学术声誉和对学生的吸引力方面存在一些差异，但这些差异在传统上并不被政府政策所重视和鼓励。围绕着学生与教授的激烈竞争，引发了教师以及政治左翼人士关于"市场化"或"商业化"的指责与非议，反而进一步强化了这一进程。与此同时，德国大学在所谓的知名大学排行榜上追赶美国或英国大学，取得了失败，促使德国政府在2008年开始有争议性地提高了少部分德国大学的收入水平，并且公开宣称了大学在定位与影响力方面的差异地位。

我们要吸取的教训并不是单方面的。截至2009年，根据前面提到的博洛尼亚协议和里斯本协议，欧盟公立学校系统和每所大学在经过慎重审议后，已经启动了质量框架（Qualification Frameworks）：详细规定了不同学位、水平、学科的学习结果的评价标准，以增加欧盟内部学生的交流，提高高等教育的透明度。克利福德·阿德尔曼（Clifford Adelman），美国教育部全国教育统计中心的前高等教育分析师，在一份题为"美国眼中的博洛尼亚进程"的研究中重申了在欧洲和博洛尼亚的范式之后，美国高等教育实践中应该做出的改变和一些具体的建议：

（1）为州高等教育系统和所有高等教育机构制定详细的、公共的学位质量框架，同时附带学生专业转换模式；

（2）修改学分转换系统的参照点和期限；

（3）扩大社区学院和四年制大学之间的双重录取"联系"；

（4）改进我们对非全日制学生的界定与待遇；

（5）为了囊括每个学生的成就，开发一套清晰的学历文凭补充体系。

表 12.1 (Adelman, 2009) 总结了包括我们从欧洲以及世界其他国

家身上应该吸取的经验和教训（无论好坏），这些都值得美国高等教育界学习。

表12.1 高等教育国际化：相互学习

关键问题或需要	美国能向其他国家的高等教育学习到什么	其他国家能向美国高等教育学到什么
1. 紧缩性：随着成本的增加，需要更多的经费用于刺激无税收入，提升效率以及质量	大多数经济合作与发展组织成员国政府都很慷慨并且一致认为可以利用税收支撑着大学（但是在无税收入、财务灵活性和管理方面很弱）	美国公立高等教育机构无法依靠不稳定的州政府的援助，转而从非税收入中获取巨大收益，其中包括学费、慈善、拨款和合同经费
2. 效率低下：需要增强高等教育机构运行以及资源分配的效率	很多国家大规模的通货紧缩已经在经济上得到外显，但不一定导致效率低下，英国和荷兰就是例子	美国在院校自治、专业化的管理（包括强势的校长）等方面素有传统。同时，私立高等教育机构往往强调效率
3. 不平衡或不充分教学：需要给予优质的教学机构（大学）更多奖励	学习期望也许可以更高。把教学与考试分离也许能够提升教学质量。学生流动性小、学生之间缺乏竞争、免费或者较低的学费可能会使良好的教学受到阻碍	美国学生在包括学院在内的高等教育机构内部的流动与竞争的传统，可转化的学分以及通用的教师评价，都会促进教学
4. 评价学习和其他教学成果的政策与手段	博洛尼亚协议质量框架推动了欧洲大学在学位、水平与学科上的发展，提升了学习效果。英国有严格的（尽管其严格性受到争议）研究评价实验	美国有一个经常被批评但是看起来很有效的非官方评价程序。各州高等教育系统可以尝试将结果评价与每年的预算联系起来

（续表）

关键问题或需要	美国能向其他国家的高等教育学习到什么	其他国家能向美国高等教育学到什么
5. 多样化：需要不同的第三级教育部门，在不限制入学的情况下，满足不同地区的学生需要	一些国家在大学内设有短期高等教育机构。博洛尼亚协议中关于学习结果的相关协定会强化高等教育机构之间的联系。但是很多国家的非大学机构在这方面都很薄弱	美国的社区学院既可以是学习生涯的终端，也可以将学分转移至本科教育系统
6. 社会阶层与种族之间的不平等：需要更加公平的高等教育入学机会	尽管潜在的弱势群体的学生仍然在高等教育体系中处于缺位状态，重点还是免费、低收费，或其他形式的学生福利	尽管美国有大量的经济援助、扶持政策、专门咨询以及来自入学机构的援助，高学费仍然可能会成为一些学生入学的门槛
7. 国际学生流动的障碍	一直以来，欧洲学生都较少流动，在博洛尼亚协议质量保证体系的影响下，欧洲学分转换制度正在改变这一切	学分转换的便利，加上学生资助的迁移，极大地促进了学生的流动

三、未来的道路

最后，与在前言中的说法一样，我不试图为本书的各章内容和 TIAA-CREF 学院会议"加速全球化世界中的高等教育"的内容做综述，仅仅以对关于未来发展的思考，以及对这一丰富而又具有时效性的主题的观察进行总结。

第十二章
加速全球化进程中的美国高等教育：路漫漫其修远兮

（1）全球化，无论怎样界定，首先都是现代性与技术的作用结果。尽管政府政策能够促进也能抑制全球化的影响（然而，这些影响不论是积极的还是消极的，都超越了政策所能触及的范围）。

（2）全球化深刻地影响到了几乎全部的现代社会组织，对于大学（以及大部分其他高等教育机构）的影响最大，因为大学在继承、传播与促进知识发展中处于核心地位。大学与其他高等教育机构在全球化进程中扮演了核心角色。教师向学生传授全球意识的同时，在分析和批评全球化进程的同时，其学术和教学也正处于全球化的影响之中。

（3）美国因其特有的经济、文化、政治和军事方面的影响力，在许多方面成为独一无二的强国。美国除了对那些访问过、有过贸易关系或者敌对关系的国家有所了解外，对于其他国家长久以来一无所知。对于普通美国公民而言，这并没有什么问题，可遗憾的是，在任的美国领导人也是如此。

（4）因此，我们的高等院校——包括公立、私立教育机构和各类中学后教育机构，都有将全球意识传授给我们的学生（包括那些通过远程教育学习课程的其他国家的学生）的义不容辞的责任。

（5）美国发展全球意识的主要障碍是在第二语言上的弱势（出生在母语非英语国家的部分人除外）。良好的第二语言能力必须从初、高中就开始培养，并且通过对大专生和本科生进行语言上的要求，以进一步提高他们第二语言的能力。

（6）全球意识必须通过美国的一个最有价值的高等教育传统——通识教育——来增强；要求所有的美国大学毕业生都要达到此要求，并且让他们认识到该要求比专业化和职业准备更重要。通识教育要占大学四年学习时间的 1/4 到 1/3，这对于全球化的学习有极其重要的意义。社区大学教育，除了对课程时间和学术选择性有所限制，以及有更大的职业压力之外，也必须培养学生的全球意识。

（7）同样也要依靠不同的高等教育决策者的决策，使更多的全球意识内容在大学高年级主修课程、专业课程和研究生课程中有所体现。

（8）出国留学的比例应该提高，并且融入本科生通识教育要求，融入高年级主修或专业课的课程经验。通过州政府和联邦政府的支持，我们必须努力消除出国留学的经济障碍，并且拓宽参与出国留学的经济社会基础。

（9）这项工作首先需要教师们的全力支持，这会反过来鼓励教师从事国际化学习，促进教师在学术与课程方面的发展。要达成这个目标，需要针对教师制定任命、晋升和任期的标准，这些都是学术领域最重要的内容。教师们也要善于利用图书馆资源、远程通信和学术休假的机会提升自身的国际化学术水平。

（10）虽然任命和晋升关系到全体教师，但学术生涯的升迁变化最终还是由教授、院长、教务长、董事和校长等学校领导决定。他们的决定对学术成果的价值导向有重要的影响。另外，新的学术尝试、主修课、学位课程和事业合作都需要资金支持，并且在学校领导层的预算范围之内。总而言之，我们充分认识到了教师在一流高等院校中的首要地位。

（11）在州政府层面，公立学院和大学的预算必须取决于办学质量，国际化活动是评价的一部分，必须注重国际化课程和学术活动的适当性。

（12）在美国联邦政府层面，诸如富布莱特基金项目等联邦核心项目必须继续得到支持。造成留学生在时间和资源上不必要浪费的因素，必须被消除。

（13）最终通过各种各样的方法，美国必须继续保持在学术领域上的龙头地位，使外来的学生和学者能将美国视为最适合留学的目的地。同时，美国要成为各种不同类型的传统学术文化的典范——包括学术自由、学术完整性、学术责任、分享式治理、对教学和学习的关心和对公平教育机会的努力。所有这些都十分重要。

我还可以继续展开讨论，但是这个列表可能已经达到了目的。我试图阐述一些学院与大学应对全球化进程中的机遇和挑战的方法。如果我们作为学者和学术领导者都不能很好地应对，仅仅躺在美国研究型大学卓越的学术成绩、以英语为母语的幸运或者是美国独特的本科通识教育的功劳簿上，那么可以确定地说，其他国家的国际化水平已经在很多方面超越了我们，并会更加接近我们已经保持了很多年的优势地位。让我们共同应对这一挑战！

四、后记

就在我撰写本章草稿的时候，另外一本书出版了。那本书是由本书的一位供稿作者，加拿大的简·奈特（Jane Knight）所编写的。书中包含的一些章节由我们中的12位富布莱特新世纪学者撰写，这些学者最初参加了本书的另一名供稿作者佩蒂·彼得森（Patti McGill Peterson）所主导的富布莱特项目。富布莱特项目，是一个通过政府政策手段促进国家流动与学术联系的典型例子，主要依赖于以美国为首的，包括155个富布莱特合作国家的支持。基金源于来自澳大利亚、巴西、加拿大、埃及、韩国、摩洛哥、阿曼、南非、乌干达、英国和美国的学者的通力协作。我们能够走到一起参与这项重要的志愿性的工作，不仅仅是政府的政策促动，还因为我们作为大学的学者身份（要求我们必须这样做）。通信技术上的便利，也使向12个不同国家的学者征集和整理这些章节的内容，并在短短几个月的时间内编辑和出版这本书成为可能。

参考文献

[1] Adelman G. The Bologna Process for U.S. Eyes: Re-Learning Higher Education in the Age of Convergence[R]. Washington: Institute for Higher Education Policy, 2009.

[2] Blumenthal P, Robert G. Expanding Study Abroad Capacity at U.S. Colleges and Universities[R]. New York: Institute of International Education, 2009.

[3] Guitierrez R, Rajika B, Daniel O. Exploring Host Country Capacity for Increasing U.S. Study Abroad[R]. New York: Institute of International Education, 2008.

[4] Institute of International Education. Global Destinations for International Students at the Post-Secondary (Tertiary) Level[R]. New York: IIE, 2008.

[5] Institute of International Education. Economic Impact of International Students[R]. New York: IIE, 2008.

[6] Johnstone D B. A Political Culture of Giving and the Philanthropic Support of Public Higher Education in International Perspective[J]. International Journal of Educational Advancement, 2005, 5 (3): 256-64.

[7] Marcucci P N, Bruce D J. Tuition Policies in a Comparative Perspective: Theoretical and Political Rationales[J]. Journal of Higher Education Policy and Management, 2007,29 (1):25-40.

[8] OECD. Science, Technology and Industry Scoreboard 2007[R]. Paris: OECD, 2007.

[9] Salisbury M H, Paul D U, Michael P, et al. Going Global: Understanding the Choice Process of the Intent to Study Abroad[J]. Research in Higher Education,2009, 50 (2) :119-143.

[10] Times Higher Education Supplement. World University Rankings 2009[R]. london:THES,2009.

[11] Wende M Van der. European Responsiveness to Global Competitiveness in Higher Education[R]. Berkeley: Center for Studies in Higher Education, 2009.

一个君主,最好的堡垒就是不要被人民憎恨。

——马基雅维利